어린이를 위한

하룻밤에 읽는

한국사

일러두기

※ 맞춤법과 띄어쓰기는 국립국어원에서 펴낸 〈표준국어대사전〉을 기준으로 삼았습니다.

※ 이 책에 수록된 사진 중 저작권자의 허가를 받지 못한 일부 자료는, 계속해서 저작권자의 허락을 구하고 필요한
경우 통상의 기준에 따라 사용료를 지불할 계획입니다.

어린이를 위한 하룻밤에 읽는 한국사 4

초판 1쇄 발행 | 2015년 1월 23일

지 은 이 | 최용범, 이우형
그 린 이 | 박기종

펴 낸 이 | 최용범
펴 낸 곳 | 페이퍼로드
출판등록 | 제10-2427호(2002년 8월 7일)
　　　　　 서울시 마포구 연남동 563-10번지 2층

편　　　 집 | 김정주, 김대한, 양현경
마 케 팅 | 윤성환
관　　　 리 | 강은선
디 자 인 | 박성진

이 메 일 | book@paperroad.net
홈페이지 | www.paperroad.net
커뮤니티 | blog.naver.com/paperroad
Tel | (02)326-0328, 6387-2341　 Fax | (02)335-0334

ISBN 979-11-86256-00-8　64910
　　　 979-11-86256-01-5 (세트)

어린이를 위한
하룻밤에 읽는
한국사

글 최용범 · 이우형
그림 박기종

페이퍼로드
papetroad

게임보다 재미있는 역사랑 탐정 놀이 하자!

서양의 어느 유명한 역사가는 이렇게 말했습니다.

"역사란 과거와 현재의 끊임없는 대화다."

무슨 말일까요? 과거와 대화한다니 알 것 같기도 하고 모를 것 같기도 합니다. 우리가 일기를 쓰는 이유를 찬찬히 생각해 볼까요? 일기를 쓰려면 우선 오늘 하루를 돌이켜 보게 되지요. 잘한 일, 잘못한 일이 떠오를 겁니다. 그러고는 잘못한 일은 다시 하지 말자고 다짐하게 되지요.

우리 역사도 마찬가지입니다. 5000년 한국의 역사를 보면 우리가 자랑스럽게 여길 사건, 다시 반복해서는 안 될 일들이 드라마처럼 펼쳐집니다. 광개토 대왕이 만주 벌판을 누볐던 고구려의 역사를 볼 때면 우리의 가슴은 두방망이질합니다. 그러나 100년 전, 변화하는 세계에 적응하지 못해 제국주의 국가들의 먹잇감이 되다 끝내는 일본의 식민지가 돼버린 우리나라의 역사는 부끄럽기 짝이 없습니다. 이런 역사는 되풀이 되어서는 안 됩니다. 과거를 차분하게 돌이켜 보며 우리가 가야 할 길과 가지 말아야 할 길을 찾는 것이 바로 우리가 역사를 배우는 이유입니다. 결국 역사는 케케묵은 옛이야기가 아니라 빛나는 오늘과 내일을 찾기 위한 지혜의 보물 창고인 셈이지요.

그렇다고 역사가 고리타분하게 교훈만 늘어놓는다면 정말 따분하겠죠? 하지만 걱정할 것 없습니다. 역사 속에는 재미와 감동이 더 많으니까요. 단군 신화나 고구려·백제·

신라의 탄생 신화는 읽을수록 신기합니다. 원래 곰이었다가 여자로 변해 단군을 낳은 이야기나, 고구려를 세운 주몽과 신라의 시조 박혁거세가 모두 알에서 태어났다는 설화는 믿기지 않는 얘기지만 책장에서 손을 떼기 힘든 재미있는 이야기지요. 물론 사람이 알에서 태어날 리는 없습니다. 그렇다면 이런 건국 설화가 말하고자 하는 것은 무엇일까요? 그 답은 바로『어린이를 위한 하룻밤에 읽는 한국사』안에 있습니다.

역사를 공부하는 데도 상상력이 필요합니다. 기록되지 못한 역사적 사실, 혹은 기록된 사실을 해석하는 일에도 상상력은 중요한 역할을 합니다. 누가, 어떻게 해석하느냐에 따라 역사는 전혀 다른 것으로 변하기도 하지요. 그래서 역사는 남겨진 증거로 누군가의 자취를 찾아내는 탐정처럼 모험이 넘치고 게임보다 재밌을 때가 있습니다.

이 책은 그런 역사의 매력을 흠뻑 느낄 수 있도록 짜여 있습니다. 한 시대를 대표할 만한 사건들을 추적하여 그것이 담고 있는 의미를 전체 역사 속에서 살펴볼 수 있도록 했지요. 또 가능하면 역사적 인물이 주인공이 되어 사건을 펼쳐 가도록 함으로써 더욱 흥미진진하게 역사를 접할 수 있도록 했습니다.

아무쪼록 이 한 권의 책을 통해 여러분이 역사와 특별한 친구가 되었으면 합니다. 만약 마지막 책장을 넘긴 뒤에 '역사를 더욱 깊이 공부해 보고 싶다'는 생각을 갖게 된다면 두 아저씨는 더 바랄 게 없습니다.

최용범, 이우형 두 아저씨가

❁ 인 물 편

1 선사 시대 ~ 초기 국가 시대

2 삼국 시대 ~ 남북국 시대

3 고려 시대

용어편

5 식민지가 된 나라와 독립을 향한 함성 소리

6 분단과 독재를 딛고 일어서는 대한민국

인물편

어 린 이 를 위 한 하 룻 밤 에 읽 는 한 국 사

인물편

1

선사 시대~
초기 국가 시대

금와왕
金蛙王

동부여의 왕

?~?

금와왕은 기원전 1세기~기원후 1세기 무렵 동부여를 다스렸던 왕이에요. 나이가 많이 들어서도 자식이 없었던 해부루왕이 산천에 제사를 지내러 가던 중 곤연이라는 연못가에서 금와왕을 발견했다고 하지요. 금와라는 이름은 그가 금빛으로 빛나는 개구리 모양을 하고 있던 데에서 비롯되었습니다. 금와왕은 해부루의 태자가 되어 동부여의 왕위를 이었어요. 그 후 금와왕은 태백산 남쪽 우발수에서 하백의 딸 유화를 발견하여 궁궐로 데려왔고, 유화가 주몽을 낳자 궁궐에 두어 기르게 했습니다. 기원전 24년, 주몽이 떠난 뒤 동부여에 남아 있던 유화가 죽자 성대하게 장례를 치러 주기도 했어요.

김수로왕
金首露王

가야의 건국 시조, 김해 김씨의 시조

?~199년

일연 스님의 『삼국유사』에는 수로왕의 탄생과 가야의 건국 이야기가 실려 있어요. 서기 42년, 가락 지역의 아홉 부족의 족장과 주민들이 구지봉에 올라 임금 맞이 행사를 열고 있을 때, 하늘에서 붉은 보자기에 싸인 금빛 그릇이 내려왔지요. 이 그릇 안에는 황금빛을 띤 여섯 개의 알이 있었답니다. 12일이 지나자 알이 깨어나며 아이들이 태어났어요. 그 중 제일 먼저 태어났고 키도 아홉 척이나 되었던 아이가 바로 수로왕이에요. 가락 백성들은 수로를 가락국(금관가야)의 왕으로 받들었고, 나머지 다섯 아이도 각각 다섯 가야의 왕이 되었습니다. 그 뒤 수로왕은 파사 석탑을 배에 싣고 인도에서 건너온 허황옥을 왕비로 맞아들였고, 157년간 나라를 다스리다가 세상을 떠났다고 합니다.

김수로왕 신화는 '하늘에서 내려온 알'로 표현되는 북쪽의 이주민 집단이 가락 지역의 주민들과 함께 나라를 세우는 과정을 드러내고 있어요. 수로왕은 아마도 북쪽에서 내려온 이주민 가운데 가장 강한 집단의 지도자였을 거예요.

●**수로왕릉** 금관가야의 시조인 김수로왕의 무덤이다. 경상남도 김해시 서상동에 있다.

단군왕검
檀君王儉

고조선의 건국 시조, 우리 민족의 시조
?~?

『삼국유사』에 나오는 고조선의 건국 신화에 따르면 단군은 하늘의 신 환인의 아들 환웅과 곰에서 사람으로 변한 웅녀의 자식으로 태어났어요. 기원전 2333년 아사달에 도읍을 정하고 고조선을 세운 뒤, 널리 인간을 이롭게 한다는 홍익인간의 정신으로 나라를 다스렸지요. 이후 천 5백 년 동안 나라를 다스린 뒤에 물러나 산신이 되었다고 합니다.

이 신화는 발달된 문명을 가진 이주민 집단(환웅의 무리)과 곰을 숭배하던 토착 세력(웅녀 부족)이 힘을 합쳐 나라를 세운 과정을 설명하고 있어요. 단군왕검이란 이 시대의 지배자가 제사장(단군)과 임금(왕검) 역할을 함께 하고 있었음을 알려 주지요. 또 천 5백 년 동안 고조선을 다스렸다는 사실에서는 단군왕검이란 명칭이 한 사람의 이름이 아니라 고조선의 지도자를 가리키는 말로 쓰였음을 알 수 있어요.

박혁거세
朴赫居世

신라의 건국 시조, 박씨의 시조
기원전 69년~기원후 4년(재위 기원전 57년~기원후 4년)

고조선이 멸망할 무렵, 난리를 피해 남쪽으로 내려온 사람들 중에는 경주평야에서 여섯 개의 마을을 이루며 살았던 사람들이 있었어요. 신라 건국 신화에 따르면 어느 날 마을 사람들은 나정이라는 우물가에서 자줏빛으로 빛나는 알을 발견했어요. 사람들이 다가가자 알을 지키던 흰 말이 울음소리를 내며 하늘로 올라갔습니다. 사람들은 이 알을 가지고 돌아왔는데, 그 안에서 사내아이가 태어났어요. 사람들은 아이가 박 같이 생긴 알에서 생겨났다고 하여 '박'이라는 성을 붙여 주었지요. 또 아이가 태어날 때 온 세상이 밝게 빛났다고 하여 혁거세(혹은 불구내, 밝은 빛으로 온 누리를 다스린다는 뜻)라고 이름 붙였습니다.

혁거세는 13세에 왕으로 추대되어 여섯 마을을 합쳐 서라벌(신라)을 건국했어요. 또 계룡(닭 모양을 한 용)의 옆구리에서 태어난 알영이라는 처녀를 왕비로 맞았습니다. 혁거세는 61년 동안 평화롭게 나라를 다스리다가 세상을 떠났어요.

●**나정 비석** 혁거세왕의 탄생지인 경주 나정에 세워져 있는 비석이다.

비류
沸流

백제의 건국 시조, 온조왕의 형
?~?

비류는 백제 건국 신화에 따르면 고구려의 시조 주몽의 맏아들로 태어났어요. 그러나 또 다른 신화에 따르면 어머니 소서노와 북부여 해부루왕의 자손인 우태의 아들로 태어났다고도 하지요. 우태가 죽자 소서노는 주몽과 재혼을 했고, 비류와 온조는 그의 양아들이 된 것이죠.

부여에서 주몽의 아들 유리가 찾아와 고구려의 왕위를 계승하자 비류는 동생 온조와 함께 남쪽으로 내려왔습니다. 온조와 떨어져 미추홀(지금의 인천 지역)에 나라를 세웠지만 땅이 질고 물이 짜 백성들이 고통을 겪었어요.

온조왕
溫祚王

백제의 건국 시조
?~28년(재위 기원전 18년~기원후 28년)

온조왕은 고구려 건국 시조 주몽의 둘째 아들이에요. 또 다른 이야기로는 북부여 해부루왕의 자손인 우태와 소서노의 아들이라고도 하지요. 주몽이 부여에서 낳은 아들 유리가 고구려의 태자로 임명되자 온조왕은 형 비류와 함께 남쪽으로 내려왔어요. 그러고는 형은 미추홀에, 온조왕은 하남 위례성에 나라를 세웠습니다. 이때 나라 이름은 열 명의 신하와 함께 나라를 세웠다는 뜻에서 '십제'라고 지었어요. 그 뒤 비류가 죽자 비류의 백성들까지 받아들였고, 모든 백성들이 즐겁게 따랐다고 하여 나라 이름도 '백제'로 바꾸었어요. 기원전 5년에는 나라의 도읍을 한산(지금의 경기도 광주)으로 옮겼습니다. 서기 9년에는 마한을 멸망시키고 그 땅을 정복하여 백제의 힘을 크게 키웠어요.

위만
衛滿

고조선의 왕
?~?(재위 기원전 3세기~기원전 2세기 무렵)

위만은 원래 중국 연나라 사람이에요. 그런데 한나라가 중국을 통일하는 과정에서 혼란이 일어나자 무리 천여 명과 함께 고조선에 망명했어요. 그리고 고조선 준왕의 신임을 얻어 서쪽 변방을 지키는 장수가 되었습니다. 그러나 점점 자신의 세력이 커지자 준왕을 내쫓고 고조선의 왕위를 차지했어요. 망명할 때 상투를 틀고 조선 옷을 입었다는 점에서 연나라에 살던 고조선 사람으로 이야기되기도 한답니다.

주몽
朱蒙

고구려의 건국 시조
기원전 58년~기원전 19년(재위 기원전 37년~기원전 19년)

주몽은 동명성왕(東明聖王)이라고도 불립니다. 고구려 건국 신화에 따르면 하늘의 신의 아들 해모수와 물의 신 하백의 딸 유화 부인의 아들로 태어났어요. 부모의 허락 없이 해모수와 사랑을 나눈 죄로 쫓겨난 유화 부인은 동부여 금와왕의 눈에 띄어 궁궐로 들어가게 되었지요. 그곳에서 햇빛으로 변신한 해모수에 의해 임신하게 되었고 얼마 뒤 알을 낳았습니다. 금와왕은 이 알을 버렸다가 유화 부인에게 다시 돌려주었는데 그 알에서 태어난 것이 바로 주몽입니다. 아이는 7살이 되자 스스로 활과 화살을 만들어 쏠 줄 알았지요. 아이의 이름이 주몽(활을 잘 쏘는 사람이라는 뜻)이 된 것은 그 때문입니다.

주몽은 뛰어난 재능을 가진 청년으로 성장하여 금와왕의 일곱 아들에게 시샘을 받게 되었어요. 기원전 37년 주몽은 결국 오이, 마리, 협보 등의 신하들과 함께 동부여를 탈출, 압록강 유역의 졸본에 도착하여 고구려를 세웠어요. 이듬해에는 졸본 근처에 있는 비류국의 왕 송양의 항복을 받아 내고, 기원전 32년에는 행인국, 기원전 28년에는 북옥저를 멸망시킨 뒤 그 땅을 차지하여 나라의 힘을 크게 길렀어요. 동명성왕은 기원전 19년, 부여에서 찾아온 맏아들 유리를 태자로 삼은 뒤 같은 해 9월에 눈을 감았습니다.

해모수

解慕漱

부여의 시조로 알려진 신화 속의 인물

?~?

해모수는 『삼국사기』에 하늘 신의 아들로서 유화 부인을 꾀어 고구려의 시조인 주몽을 임신시킨 인물로 나옵니다. 그러나 『삼국유사』에서는 하늘의 신으로 다섯 마리 용이 끄는 수레를 타고 흘승골성에 내려와 부여를 세웠으며, 금와왕의 아버지인 해부루가 그의 아들이었다고 전하지요. 고구려와 부여의 건국 신화는 약간의 차이가 있으면서도 전체적인 이야기 구조는 매우 유사한데, 이것은 고구려인들이 자신들이 갈라져 나온 부여의 신화를 빌려 건국 신화를 만들었기 때문인 것으로 여겨집니다.

인물편

2

삼국 시대~
남북국 시대

견훤
甄萱

후백제의 건국 시조
867년~936년(재위 900년~935년)

견훤의 원래의 성은 이(李)씨예요. 상주 가은현(지금의 경상북도 문경)에서 아자개의 아들로 태어났습니다. 아자개는 농민 출신 장군이었고, 견훤 역시 공을 세워 지방의 장군 자리에 올랐어요. 892년에 반란을 일으켰고, 900년에는 완산(지금의 전주)에 도읍을 정한 뒤 후백제를 세웠답니다. 한때 신라와 후고구려를 밀어붙이며 후삼국 중 가장 앞서 갔지만, 궁예를 내쫓고 고려를 건국한 왕건과의 전쟁에서 패배하며 힘을 잃었어요. 뒤에 왕위 계승 문제를 둘러싸고 벌어진 자식들 간의 다툼 과정에서 왕건에게 항복하고 말았지요. 936년에는 왕건을 도와 맏아들 신검이 다스리던 후백제를 멸망시켰습니다. 견훤은 바로 그 해에 병으로 죽었어요.

계백
階伯

백제의 충신, 장군
?~660년

계백은 660년 나당 연합군(신라와 당나라 연합군)이 백제를 공격하자 5천 명의 결사대로 맞서다 장렬하게 전사한 장군이에요. 전쟁터로 떠나기 전 "붙잡혀 노비가 되어 치욕을 당하는 것보다 죽는 것이 낫다"라며 가

족을 모두 죽인 것으로도 유명해요. 황산벌(지금의 충남 논산 지역)에서 신라의 5만 대군과 맞서 네 차례나 승리를 거두었답니다. 그러나 어린 화랑 관창, 반굴의 죽음을 보고 용기를 낸 신라군에게 패배해 전사하고 말았어요. 이 전투에서의 패배 뒤 백제는 수도 사비성을 내주고 멸망하고 말았습니다.

관창
官昌

신라의 화랑
645년~660년

관창은 어려서 화랑이 되었고, 16세의 나이로 아버지 품일 장군을 따라 백제 정벌에 참여했어요. 계백의 결사대에 막힌 신라군이 네 차례나 패배하자 아버지의 명령에 따라 홀로 적진에 뛰어들었답니다. 그의 용기를 높이 산 계백이 살려서 돌려보내자 다시 한 번 적진에 뛰어들었다가 결국은 목숨을 잃고 말았지요. 그의 죽음은 사기가 떨어졌던 신라 군사들을 일으켜 세워 전투에서 승리하는 데 큰 영향을 미쳤습니다.

광개토
대왕
廣開土大王

고구려의 제19대 왕
374년~413년(재위 391년~413년)

광개토 대왕은 제17대 소수림왕의 조카이며 18대 고국양왕의 아들로, 왕위에 오르기 전 이름은 담덕이에요. 18세에 왕위에 올라 세상을 떠날 때까지 밖으로는 영토를 개척하고, 안으로는 나라의 제도를 정비하는 등 큰 업적을 쌓았답니다.

광개토 대왕은 즉위 초부터 활발하게 정복 사업을 벌였어요. 먼저 백제의 58개의 성과 7백 개 촌락을 쳐부수고 아신왕의 항복을 받았습니다. 또 백제가 왜구를 끌어들여 신라를 공격하자 5만 명의 병사들을 보내 이들을 물리치고 가야 지방에까지 진출했어요. 서쪽으로는 중국의 후연을 공격하여 영토를 회복했고, 북쪽으로는 숙신, 동부여를 정벌했어요. 이렇듯 재위 기간 동안 64개의 성과 천 4백 개의 촌락을 정복하여 고구려의 영토를 크게 넓혔답니다. 그가 죽자 고구려인들은 광개토 대왕릉비를 세워 업적을 기렸어요. 이 비석은 지금도 중국 지린성 지안현에 남아 있지요.

궁예
弓裔

후고구려의 건국 시조
?~918년(재위 901년~918년)

궁예의 성은 김씨이며 신라 47대 헌안왕 또는 48대 경문왕의 아들이라고 전해집니다. 아기였을 때 신라 왕실의 권력 다툼에 휘말려 궁궐을 탈출하다가 한쪽 눈을 잃고 말았어요. 그 후 유모의 손에 자라나 스님이

되었다가 세상에 나와 기훤, 양길의 부하로 들어갔어요. 이후 두 사람을 제치고 강원도 철원 지역에서 큰 세력을 떨쳤습니다. 901년에는 후고구려를 세운 뒤 왕이 되었고, 나라 이름을 904년에는 마진으로, 911년에는 태봉으로 고쳤어요. 918년 송악 출신의 호족 왕건과의 경쟁에서 패배해 밀려난 뒤 죽고 말았답니다.

김유신
金庾信

신라의 장군, 삼국 통일의 주인공
595년~673년

김유신은 금관가야 제10대 구형왕의 4대 자손이에요. 금관가야의 멸망 후 신라의 진골 귀족이 되었고, 15세에 화랑이 되었습니다. 629년 낭비성 전투에서 고구려군 5천 명을 죽인 이후 신라 정치의 중심인물로 떠올랐어요. 647년 김춘추와 함께 상대등 비담의 반란을 꺾었고, 이후 진덕 여왕을 도와 삼국 통일의 기틀을 마련했습니다. 654년 진덕 여왕이 죽자 김춘추(태종 무열왕)를 왕위에 올리는

데 성공했어요. 660년에는 5만 명의 병사들을 이끌고 백제를 공격하여 멸망시켰습니다. 또 668년에는 고구려 정벌을 떠난 문무왕을 대신해 나라의 정치를 이끌며 큰 역할을 담당했어요. 고구려, 백제 멸망 후 당나라가 신라마저 차지하려는 욕심을 보이자 이에 맞서 삼국 통일의 완성을 위해 노력했습니다. 김유신은 673년, 79세의 나이로 눈을 감았어요. 그가 죽은 뒤인 676년 신라는 당나라군을 몰아내고 마침내 삼국 통일을 이룩했답니다.

김춘추
金春秋

신라의 제29대 왕, 삼국 통일의 기틀을 다짐
603년~661년(재위 654년~661년)

태종 무열왕 김춘추는 신라 제25대 진지왕의 손자이자, 이찬 김용춘의 아들로 태어났어요. 나라를 어지럽혔다는 이유로 진지왕이 쫓겨난 뒤 가족 모두가 진골 신분으로 떨어졌습니다. 642년(선덕 여왕 11년)에 백제가 대야성(지금의 경상남도 합천)을 공격했을 때 딸 고타소와 사위 품석을 잃고 맙니다. 김춘추는 복수를 맹세하며 고구려의 도움을 청하러 떠났지만 오히려 인질이 되었어요. 간신히 고구려를 탈출한 뒤에는 당나라로 가서 동맹 관계를 맺는 데 성공했습니다. 654년 마지막 성골 임금인 진덕 여왕이 죽자 김유신 등의 도움을 얻어 최초의 진골 출신 임금으로 왕위에 올랐어요. 660년에는 당나라의 13만 대군과 함께 백제를 공격하여 멸망시켰습니다. 이로써 삼국 통일의 기틀이 마련되었어요. 김춘추는 고구려 정벌을 계획하던 중 59세의 나이로 죽었습니다.

대조영
大祚榮

발해의 건국 시조
?~719년(재위 698년~719년)

고구려의 멸망 뒤 당나라는 고구려 유민들의 반란이 두려워 수십만 명을 자기 나라로 끌고 갔어요. 대조영은 이때 끌려간 걸걸중상의 아들로 당나라 영주에서 생활했지요. 696년 영주 지역에 살던 거란족이 반란을 일으키자 대조영도 고구려 유민과 말갈족을 데리고 동쪽으로 탈출했습니다. 698년 추격하던 당나라 군사들을 천문령 전투에서 크게 꺾은 뒤, 지금의 지린 성 둔화 현 동모산에 도읍을 정하고 진(震)을 건국했어요. 이후 713년 당나라가 화해를 청하고 자신을 발해군왕에 임명하자 나라 이름을 발해라고 고쳤습니다.

법흥왕
法興王

신라의 제23대 왕, 불교를 신라의 국교로 정함
?~540년(재위 514년~540년)

법흥왕은 제22대 지증왕의 아들로 태어났어요. 지증왕 대의 발전을 바탕으로 많은 업적을 쌓았지요. 520년에는 율령(법률)을 반포하고 등급에 따라 관리들의 옷을 따로 정하는 등 나라의 제도를 정비했습니다. 532년에는 금관가야를 정복하는 등 영토를 넓히는 일에도 힘을 기울였지요.

법흥왕의 가장 큰 업적은 불교를 나라의 종교로 삼은 일이었어요. 5세기 후반부터 신라에 들어온 불교는 귀족들의 반대로 널리 퍼지지 못했습니다. 법흥왕은 이차돈의 순교를 계기로 불교를 국가 종교로 삼는 데 성공했어요. 이를 통해 왕권을 강화하고, 백성들의 마음을 하나로 모았지요.

선덕 여왕
善德女王

신라의 제27대 왕, 삼국 통일의 기틀을 마련함
?~647년(재위 632년~647년)

선덕 여왕은 제 26대 진평왕의 딸로 태어났어요. 성은 김씨, 왕위에 오르기 전 이름은 덕만입니다. 어렸을 때부터 성품이 어질며 너그럽고 총명했다고 전해진답니다. 덕만은 진평왕이 아들 없이 죽자 귀족 회의를 통해 왕위에 올랐습니다. 왕위를 이을 성골 남자가 없었기 때문에 여성인 선덕 여왕으로 자리를 잇게 한 것이지요. 선덕 여왕은 왕이 된 뒤부터 백성의 삶을 편안하게 하고 나라를 안정시키기 위해 많은 힘을 쏟았습니다. 또 김춘추와 김유신이라는 뛰어난 신하를 얻어 고구려, 백제와의 경쟁을 신라에게 유리하게 이끌었어요. 별자리를 관측하여 농사에 이용하기 위하여 첨성대를 세우고, 삼국 통일을 위해 황룡사 9층 탑을 쌓기도 했어요.

설총
薛聰

신라의 대학자, 이두를 정리함
?~?

설총은 원효 대사와 태종 무열왕의 딸인 요석 공주의 아들로 태어 났어요. 유학을 깊이 연구하여 신라 10현(열 명의 현명한 인물)에 뽑혔고, 강수, 최치원과 함께 신라의 3대 문장가로도 꼽힙니다.

설총은 한자의 음과 뜻을 따서 우리말을 표기하는 이두를 정리했습니다. 이를 통해 학문의 발전에 크게 이바지하고, 입으로만 전해지던 신라의 향가(신라 시대에 유행했던 시와 노래)를 기록하여 후대에 전할 수 있게 했어요.

양만춘

楊萬春

고구려의 장군, 당나라 태종의 침략을 물리침

?~?

양만춘은 645년(보장왕 4년), 당나라 태종이 수십만 명의 병사로 고구려를 침략했을 때 안시성에서 이들을 맞아 싸운 장군입니다. 안시성은 요동 지역에 있던 성으로 양만춘은 이곳의 성주였어요. 당군은 3개월 동안 온갖 방법을 사용해 성을 공격했지만, 고구려의 병사와 백성들은 양만춘의 지휘 아래 똘똘 뭉쳐 이를 막아냈지요. 결국 겨울이 닥치자 당군은 엄청난 피해를 입은 채 물러갈 수밖에 없었답니다. 이때 태종은 비단백 필을 보내 양만춘의 충성심과 용기를 칭찬했다고 합니다.

연개소문

淵蓋蘇文

고구려의 재상, 당나라의 침입으로부터 고구려를 지켜냄

?~665년

연개소문은 대를 이어 막리지라는 최고의 벼슬을 지내던 집안에서 태어났어요. 연개소문도 아버지의 뒤를 이어 막리지에 올랐지만 이 과정에

서 다른 귀족들의 반대로 큰 어려움을 겪었습니다. 642년에는 영
류왕과 귀족들이 그를 죽이려는 음모를 꾸미자, 오히려 왕과 귀족
백여 명을 죽였어요. 그리고는 새로운 임금으로 보장왕을 세운 뒤
나라의 권력을 한손에 넣었습니다.

이후 연개소문은 국력을 모아 당나라의 침략을 막아내는 데 힘을
기울였어요. 신라와 동맹을 맺은 당나라가 수차례에 걸쳐 침략했
지만, 이를 물리쳐 고구려의 기상을 세상에 떨쳤지요. 660년 백제
가 멸망한 뒤에는 평양 근처까지 침입해 온 당군을 사수 언덕에서
전멸시키기도 했어요. 그러나 665년 그가 눈을 감자 아들들 사이
에서 권력 다툼이 일어나 고구려는 멸망하고 말았습니다.

원효
元曉

통일 신라의 승려, 귀족 중심의 불교에서 벗어나 백성들에게
널리 불교를 퍼뜨림
617년~686년

원효의 성은 설씨, 이름은 서당이에요. 원효는 출가한 뒤 얻은 법
명(불교식 이름)입니다. 661년 친구인 의상 스님과 함께 당나라로
유학을 떠났지만 중간에 고구려군에게 붙잡혀 되돌아왔습니다. 10
년 뒤에 다시 의상과 길을 떠났다가 여행 도중 깊은 깨달음을 얻
고 혼자서 신라로 되돌아왔어요. 밤중에 해골에 고인 물을 시원하
게 마셨다가 아침에서야 그 실체를 알게 되고, '모든 것은 사람의
마음이 일으키는 것이니 진리는 밖에서가 아니라 자기 안에서 찾
아야 한다'라는 깨달음을 얻었다고 해요. 귀국한 뒤에는 백성들 사
이에서 불교를 널리 퍼뜨리기 위해 노력했습니다. 정작 불교가 필
요한 것은 귀족들이 아니라 고통받는 백성이라는 생각에서였어요.

원효는 『금강삼매경론』『대승기신론소』 등 150여 권의 책을 펴내 중국과
일본의 불교에까지 큰 영향을 끼쳤답니다.

을지문덕
乙支文德

고구려의 장군, 살수 대첩으로 수나라의 침략을 물리침
?~?(재위 590년~618년)

역사 기록에는 을지문덕의 이름과 살수 대첩만이 알려져 있고, 그 밖의
사실은 전해지지 않습니다. 612년, 중국을 통일한 수나라 양제가 113만
의 대군을 거느리고 고구려를 침략했어요. 그러나 요동성의 고구려군에
게 발이 묶여 꼼짝할 수 없게 되자, 양제는 30만 명의 군사를 따로 뽑아
평양성을 공격하게 했지요. 을지문덕은 이들을 맞아 7번 싸우고 7번 도
망치는 작전으로 적들을 피로하게 만들었습니다. 이윽고 식량이 떨어져

후퇴하는 적을 살수(지금의 청천강)에서 전멸시켰어요. 이때 살아 돌아간 수나라 병사는 겨우 2천 7백여 명에 불과했다고 합니다.

의자왕
義慈王

백제의 마지막 제31대 왕
?~660년(재위 641년~660년)

의자왕은 제30대 무왕의 맏아들로 태어나 632년 태자가 되었습니다. 그는 부모를 공경하고 형제 사이에 우애가 깊어서 해동증자라고 불렸지요. 왕이 된 뒤에는 고구려와 손을 잡고 신라에 대한 공격을 멈추지 않았습니다. 신라는 위기를 벗어나기 위해 당나라와 더욱 굳게 손을 잡았고, 이것은 백제의 멸망에 가장 큰 원인이 되었어요. 660년 나당 연합군의 공격을 받고 사비성이 함락되자 태자와 함께 웅진성으로 피했다가 항복했습니다. 이후 백성 만여 명과 함께 당나라로 끌려갔다가 곧 병으로 죽었어요.

이차돈
異次頓

자신의 목숨을 바쳐 불교를 널리 퍼뜨림
506?년~527년

이차돈의 성은 박씨이며 아버지는 길승이라고 하는데 확실하지는 않습니다. 이차돈은 순교하기 전 왕의 비서 역할을 하는 내사사인의 벼슬을 하고 있었습니다. 그는 귀족들의 강한 반대로 불교가 어려움에 빠지자 법흥왕과의 비밀 약속을 통해 이 상황을 이겨내려 했어요. "내가 죽으면 반드시 이상한 일이 생길 것이다"라는 말과 함께 스스로 처형당하는 길을 택한 것이지요. 결국 목이 잘리자 머리가 하늘로 날아 금강산에 떨어지고, 잘린 목에서는 흰 피가 솟구쳤으며, 사방이 어두워지고, 하늘에서는 기묘한 꽃들이 떨어지며, 땅이 흔들렸다고 전해집니다. 이 일이 있은 뒤 귀족들은 두려움에 떨며 불교를 따르기로 했고, 마침내 불교는 신라의 국교가 되었어요. 순교할 무렵 22세(혹은 26세)의 젊은 나이였다고 합니다.

장보고
張保皐

통일 신라의 장군, 청해진을 설치하여 국제적인 무역 기지를 건설함
?~846년

원래의 이름은 궁복 또는 궁파이며 성인 장은 스스로 붙인 것으로 알려집니다. 신라의 골품제에 좌절하여 당나라로 가서 장군의 벼슬에 올랐어요. 그러나 당나라 해적에 붙잡혀 노예로 팔리는 신라인을 본 뒤 귀국하여 청해진에 해군 기지를 세웠습니다. 이후 해적을 소탕하고 바다를 정비한 뒤 청해진을 당나라-신라-일본을 잇는 국제적인 무역 항구로 키워냈습니다.

836년(흥덕왕 11년) 왕자 김우징이 권력 다툼에서 밀려 찾아오자 그를 도와 왕위에 올렸어요. 그가 바로 제 45대 신무왕이에요. 그 뒤

문성왕이 왕위를 잇자 딸을 왕비로 올리려다가 귀족들의 반대에 부딪쳤지요. 장보고를 힘으로 누를 수 없었던 귀족들은 부했던 염장을 보내 그를 암살했습니다. 그의 죽음과 함께 청해진의 역사도 끊어지고 말았답니다.

진흥왕
眞興王

신라의 제24대 왕
534년~576년(재위 540년~576년)

성은 김씨, 이름은 삼맥종. 그는 지증왕의 손자이자 법흥왕의 동생 입종 갈문왕의 아들로 태어났어요. 550년에는 백제와 손을 잡고 고구려를 공격하여 한강 유역의 일부를 백제와 나누어 차지했습니다. 553년에는 백

제를 기습 공격하여 한강 유역의 나머지 땅도 모두 차지했지요. 이로써 황해 바다를 통해 중국과 교류할 수 있는 길을 열었답니다. 이것은 신라의 발전과 통일을 위한 중요한 밑거름이 되었어요. 가야에 대한 정복 사업에도 힘을 기울여 562년 대가야를 멸망시키고 낙동강 유역을 완전히 손에 넣었습니다. 또 함흥평야로까지 영토를 넓히는 등 신라 역사상 최대의 영토를 차지하게 되었어요. 이밖에도 불교를 장려하고 화랑 제도를 만드는 등 신라의 발전을 위해 중요한 업적을 쌓았습니다. 진흥왕은 재위 37년 만인 576년 43세의 나이로 눈을 감았습니다.

최치원
崔致遠

통일 신라 말기의 대학자, 경주 최씨의 시조
857~?

최치원은 6두품 출신으로 12살 때 당나라에 유학하여 공부했습니다. 18세 때 당나라 과거에 장원급제하고, 「토황소격문」이라는 글을 지어 문장가로서 이름을 떨쳤어요. 귀국해서는 여러 벼슬을 지내며 진성 여왕에게 개혁 정책을 다룬 「시무 10조」를 건의하기도 했답니다. 그러나 귀족들의 반대로 받아들여지지는 못했어요. 최치원은 자신의 뜻이 나라에 받아들여지지 않는 것을 한탄하며 관직에서 물러났습니다. 이후로는 여러 곳을 떠돌다가 경상남도 합천 가야산 해인사에서 눈을 감았습니다. 그는 『계원필경』 등 많은 책과 글을 남겼고 신라 최고의 문장가로 꼽히며 후대 사람들의 많은 숭배를 받았답니다.

혜초
慧超

통일 신라의 승려, 인도 여행기『왕오천축국전』을 지음
704년~787년

혜초는 당나라로 유학하여 인도 출신의 승려 금강지에게 배웠어요. 그의 권유로 723년 무렵에 인도로 여행을 떠났지요. 그는 4년 동안 인도를 여행했고 이후 8년 동안은 중앙아시아 지역을 탐사했습니다. 이때의 경험을 바탕으로『왕오천축국전』을 지었어요. 이 책은 8세기 무렵 동서 문명의 교류를 담은 내용으로 높이 평가받고 있지요.『왕오천축국전』은 1908년 중국 간쑤 성 둔황의 동굴에서 발견되어 지금은 파리 국립 도서관에 보관되어 있습니다.

3

고려 시대

강감찬
姜邯贊

고려의 장군, 구주 대첩으로 요나라(거란)의 침입을 막아냄
948년~1031년

강감찬의 어릴 때 이름은 은천으로 궁진의 아들입니다. 993년 서희의 활약으로 물러난 요나라는 1010년 두 번째로 고려를 침공했어요. 이때 고려는 강조가 30만 대군을 거느리고 맞섰지만 크게 패했습니다. 대부분의 신하들이 항복할 것을 주장했지만 강감찬은 이를 반대하고 왕을 나주로 피하게 했어요. 그 뒤 양규와 하공진의 노력으로 요나라는 물러가게 되었습니다. 그러나 1018년 겨울, 요나라는 약속했던 강동 6주의

반환을 요구하며 10만 병사들을 보내 고려를 침공했어요. 강감찬은 71세의 나이로 고려군을 이끌고 흥화진에서 큰 승리를 거두었답니다. 또 후퇴하여 돌아가는 요군을 구주에서 거의 전멸시켰지요. 이것을 구주 대첩이라고 합니다.

●**강감찬** 고려의 장수로 71세의 나이에 요나라 10만 대군을 물리쳤다.

강조
康兆

고려의 장군
?~1010년

고려 제7대 목종 때 천추 태후와 김치양이라는 인물에 의해 나라가 혼란해지자 이를 바로잡기 위해 노력했습니다. 5천 명의 군사들과 함께 궁궐로 쳐들어와 김치양을 죽이고 천추 태후를 귀양 보낸 것이죠. 강조는

여기서 멈추지 않고 목종 대신 현종을 왕위에 올렸어요.
1010년 요나라(거란)의 성종이 40만 대군을 거느리고 고려를 공격
하자 30만 군사로 이에 맞섰지만 크게 패하고 포로가 되었습니다.
그리고 자신의 신하가 되어 달라는 성종의 부탁을 거절하고 죽음
을 맞았습니다.

경대승
慶大升

고려의 중기의 무신, 무신 정권의 지도자
1154년~1183년

경대승은 15세에 벼슬길에 올라 장군에 자리에 올랐습니다. 그 후
1179년 허승 등 무사 30명과 함께 무신난의 지도자 정중부를 죽이
고 권력을 잡았지요. 이후 문신을 우대하는 정책을 펼쳐 무신들과
잦은 충돌을 일으켰습니다. 그는 자신의 권력을 지키기 위해 애쓰
다가 30세에 병으로 죽었습니다.

경종
景宗

고려의 제5대 왕
955년~981년(재위 975년~981년)

경종은 제4대 임금인 광종의 맏
아들로 태어났어요. 왕권을
강화하기 위해 광종이 일으킨
소용돌이 때문에 아버지와도
사이가 나빴지요. 왕위에 오
른 뒤에는 복수법을 실시했

'복수법'으로
심판하겠다!

는데, 많은 문제가 생기자 이를 없앴습니다. 이후 전시과라는 토지 제도를 마련해 고려 전기의 토지 제도를 안정시키는 데 큰 역할을 했습니다. 경종은 방탕한 생활을 좋아해 점차 나랏일을 돌보지 않다가 26세의 젊은 나이로 죽었습니다.

고종
高宗

고려의 제23대 왕
1192년~1259년(재위 1213~1259년)

고종은 제22대 강종의 아들로 태어났고 이름은 철이에요. 고종이 왕위에 있었던 46년 동안 안으로는 최씨 무신 정권에 휘둘리고, 밖으로는 몽고의 침략에 시달리는 등 불행한 삶을 살았습니다. 고종은 1231년 강화도로 천도하여 몽고와의 항쟁을 계속했어요. 그러나 1259년 무신 정권의 반대를 물리치고 태자 왕전을 몽고로 보내 항복하고 말았답니다.

공민왕
恭愍王

고려의 제31대 왕, 원나라에 맞서 자주적인 개혁 정치를 폄
1330년~1374년(재위 1351년~1374년)

공민왕은 제27대 충숙왕의 아들이며 왕비는 원나라 위왕의 딸 노국 공주입니다. 1341년 12세에 원에 들어가 10년 동안 머물렀어요. 1351년에 왕위에 오르자마자 원나라에서 벗어나기 위한 여러 가지 정책을 펼쳤습니다. 원나라가 강요한 머리 모양과 옷을 바꾸고, 부원파(원나라에 붙어 권력을 누리던 자들)을 조정에서 내쫓았습니다. 또 원나라의 힘이 약해진 틈을 타 압록강 유역과 요동 정벌에 나서 영토를 넓히기도 했어요. 공민왕은 기울어가던 고려의 문제점을 고치기 위해 개혁 정치를 펼치기도

했습니다. 승려 신돈과 신진 사대부들을 통해 개혁에 반대하는 귀족들을 누르기 위해 노력했지요. 그러나 1365년 노국 공주가 죽자 실의에 빠져 나랏일을 돌보지 않았고, 1371년에는 반역을 계획했다는 이유로 신돈마저 죽이고 말았습니다. 결국 공민왕은 1374년 홍윤, 최만생 등 신하들에 의해 암살되고 말았습니다.

광종
光宗

고려의 제4대 왕, 노비안검법, 과거 제도를 통해 왕권을 강화함

925년~975년(재위 949년~975년)

광종의 이름은 소이며, 고려 태조의 셋째 아들이자 제3대 정종의 친동생입니다. 그는 왕실의 외가와 호족 세력에 의해 약화된 고려 초기의 왕권을 크게 강화시켰습니다. 노비안검법은 호족이 가지고 있던 노비를 해방시켜 그들의 힘을 빼앗기 위한 것이었지요. 또 중

국 후주 출신의 쌍기라는 인물의 건의를 받아들여 과거 제도를 실시했습니다. 호족의 자식들이 관직을 독차지하는 것을 막고, 왕에 대한 충성심을 강조하는 유학을 배운 관리들을 길러내기 위해서였어요. 이 밖에도 왕권에 도전하는 세력 모두를 엄하게 다스림으로써 고려 초기의 불안하던 왕권을 튼튼히 했습니다. 광종은 나라가 안정을 찾아가자 스스로를 황제라 부르고 국방을 튼튼히 하는 등 많은 업적을 쌓았답니다.

김부식
金富軾

고려의 문신, 학자, 『삼국사기』를 펴냄
1075년~1151년

김부식은 신라 왕실의 후예로 1096년 과거에 급제하여 벼슬길에 올랐습니다. 그는 신라 경주 세력을 대표하는 귀족으로 고려의 정치에 큰 영향을 끼쳤어요. 특히 서경으로 도읍을 옮기려 한 묘청의 반란을 꺾는 데 큰 역할을 했답니다. 1145년에는 인종의 명령을 받고 삼국 시대의 역사를 정리한 『삼국사기』를 펴냈습니다. 이 책은 지금까지 남아 있는 우리나라의 역사책 중 가장 오래된 것이에요.

도선
道詵

통일 신라의 승려, 풍수지리설을 널리 퍼뜨림
827년~898년

도선의 성은 김씨이며 태종 무열왕의 자손이라는 이야기가 있지만 확실치는 않습니다. 15세에 화엄사에서 불경을 공부했고, 37세에 옥룡사에 자리 잡고 제자들을 길러 냈습니다. 자연과 지리가 인간의 운명에 영향을 미친다는 풍수지리설을 연구하여 널리 퍼뜨렸지요. 고려의 태조 왕건이 그의 풍수지리설에 많은 영향을 받았다고 전해집니다.

만적
萬積

무신 정권의 최고 지도자인 최충헌의 노비
?~1198년

만적은 1198년 개경의 북산에서 나무를 하던 중 미조이, 연복, 성복 등 다섯 명의 노비를 만나 반란을 계획했지요. 이때 만적은 "무신난 이후에 높은 벼슬아치들이 천한 출신에서 많이 나왔다. 그러니 장수와 재상의 씨가 어찌 따로 있겠는가?" "상전들을 죽이고 또 노비 문서를 불태워 이 나라에 천민이 하나도 없게 하면 공경과 장상은 모두 우리 차지가 될 것이다"라는 말을 남겼습니다. 그러나 이들의 계획은 순정이라는 동료의 배신으로 실패했고, 만적과 그의 동료 백여 명은 처형당하고 말았습니다.

장수와 재상의
씨가 따로 있겠는가!

묘청

妙清

고려 중기의 승려, 서경 천도 운동을 통해 고려 사회를 개혁하려 함
?~1135년

묘청은 귀족들의 횡포와 이자겸의 반란 등으로 고려에 위기가 닥치자 서경(평양)으로 수도를 옮길 것을 주장했습니다. 이를 통해 북진 정책을 펼쳐 고구려 영토를 회복하고, 개경에 터를 잡고 있는 귀족의 힘을 꺾기 위한 것이었지요. 인종 역시 한때 묘청의 주장을 따르려 했지만 귀족들의 극심한 반대로 결국 천도는 실패하고 말았습니다. 그러자 1135년, 묘청은 서경에서 반란을 일으키고 나라 이름을 대위라고 했습니다. 그러나 조광의 배신으로 묘청은 살해당하고, 반란군도 김부식에 의해 1년 만에 진압당하고 말았습니다.

배중손
裵仲孫

고려의 장군, 삼별초의 지도자로 대몽 항쟁을 이끎
?~1271년

배중손은 1270년 고려 정부가 강화도에서 나와 개경으로 돌아갈 것을 결정하자 이에 반대하고 대몽 항쟁을 계속할 것을 주장했습니다. 왕족인 승화후 온을 새로운 왕으로 세우고 진도로 내려가 여몽 연합군(고려와 몽고의 연합군)과 맞섰지요. 그러나 1271년 벌어진 싸움에서 패배하여 진도를 빼앗기고 그도 전사하고 말았습니다.

서희
徐熙

고려 초기의 문신, 외교가. 뛰어난 외교술로 요나라의 침략을 물리침
942년~998년

서희는 960년에 과거에 급제하고 벼슬길에 올랐습니다. 972년에는 10년 동안 교류가 끊겼던 중국 송나라에 사신으로 파견되어 외교 관계를 회복하는 데 공을 세웠어요. 993년, 요나라가 80만 대군을 보내 고려를 침략하자 뛰어난 외교술을 발휘해 이를 물리쳤답니다. 이때 모든 신하들이 항복을 하거나 평양 이북의 땅을 떼어

주고 화친하자고 주장했습니다. 그러나 서희는 요나라의 목적이 고려 정복이 아니라는 것을 꿰뚫어 보고 요나라 장수 소손녕과의 담판을 통해 스스로 물러나게 한 것이죠. 이 담판을 통해 고려는 오히려 흥화, 용주, 통주, 구주 등 강동 6주를 개척할 수 있게 되었습니다. 이때부터 우리의 영토는 압록강까지 이르게 되었어요.

성종
成宗

고려의 제6대 왕
960년~997년(재위 981년~997년)

성종은 고려 초기의 기틀을 다졌습니다. 최승로 등 유학자들을 높이 등용하고, 유교를 나라를 다스리는 원리로 삼아 나라의 제도를 완성시켰어요. 밖으로는 993년 요나라가 침입했을 때 서희의 활약으로 강동 6주를 얻었습니다.

신돈
辛旽

고려 말기의 승려, 공민왕을 도와 나라를 개혁함
?~1371년

신돈의 어머니는 옥천사라는 절의 노비여서, 신돈 역시 천한 신분으로 고통받았습니다. 1358년에는 공민왕을 처음 만났고, 1364년에 왕의 스승이 되어 정치에 나서기 시작했습니다. 공민왕은 천한 신분의 신돈에게는 따르는 사람이 없어서 귀족들의 입김에 휘둘리지 않을 수 있으리라 기대했던 것이죠. 공민왕을 도와 귀족들의 노비를 해방시키고 토지제도를 바꾸는 등 많은 활약을 했습니다. 하지만 귀족들의 공격을 받는 상황에서 신돈 자신도 사치와 방탕에 빠졌고, 나중에는 공민왕과도 사이가 나빠졌습니다. 그러다 결국 1371년 공민왕의 명령에 의해 처형당하고 말았습니다.

왕건
王建

고려의 건국 시조, 후삼국을 통일함
877년~943년(재위 918년~943년)

왕건은 고려를 건국한 왕으로 시호는 태조입니다. 송악(지금의 개성)의 호족인 왕륭의 아들로 태어났어요. 아버지와 함께 궁예의 부하로 들어가 후고구려를 세우는 데 힘을 보태고 이후로도 많은 공을 세웠어요. 이런 업적을 바탕으로 시중의 자리에까지 올랐지요. 918년 궁예가 난폭한 행동으로 민심을 잃자 홍유, 배현경, 신숭겸, 복지겸 등의 부하들과 함께 군사를 일으켜 궁예를 내쫓고 왕위에 올랐습니다. 왕건은 나라 이름을 고려라 하고 도읍도 철원에서 송악으로 옮겼어요.

이후 후삼국의 통일에 힘을 쏟아 신라와는 손을 잡는 한편, 후백제와는 여러 차례 전쟁을 벌였어요. 935년 아들 신검과의 다툼에서 밀려난 견훤이 항복해 오자 이를 받아들였습니다. 또 신라 경순왕

의 항복도 받아들였지요. 그리하여 936년에는 후백제를 공격하여 멸망시키고 마침내 후삼국 통일을 이루었습니다. 뒤에 발해가 멸망하자 유민들을 받아들여 우리 민족의 힘으로 진정한 통일을 이룩했답니다.

이규보
李奎報

고려의 문신, 문장가
1168년~1241년

이규보는 9세 때 이미 신동으로 알려졌으며 14세 때는 시에 뛰어난 재능을 가졌다고 칭찬받았습니다. 22세 때 과거에 합격했지만 방탕한 생활을 하느라 벼슬을 얻지는 못했어요. 26세 때 어지러운 고려 사회를 보고 민족의 정기를 되살려야 한다는 마음으로 『동명왕편』을 지었습니다. 32세에는 벼슬에 올라 관리와 문장가로서 이름을 떨쳤지요. 이규보가 지은 책으로는 『동국이상국집』 등이 있습니다.

인종
仁宗

고려의 제17대 왕
1109년~1146년(재위 1122년~1146년)

인종은 고려의 제16대 임금 예종의 맏아들로 태어났습니다. 그는 13세의 어린 나이로 왕이 되어 외할아버지 이자겸의 많은 도움을 받았어요. 또 이모뻘인 이자겸의 두 딸을 왕비로 맞았는데, 이 때문에 권력은 외척 세력의 손아귀에 들어갔습니다. 1126년에는 이자겸이 척준경과 함께 반란을 일으키자 왕위에서 내쫓길 위기에 빠졌습니다. 그러나 두 사람의 사이가 벌어진 틈을 타 이자겸을 죽이고, 뒤에는 척준경도 귀양 보냈어요. 인종은 허약해진 왕권을 다시 세우기 위해 묘청, 정지상 등의 건의에 따라 서경으로 천도할 것을 계획했습니다. 그러나 김부식 등 개경 귀족들이 반대하자 그들의 손을 들어주어 결국 묘청의 난이 일어나는 계기가 되었습니다. 김부식 등에게 명하여 묘청의 난을 진압했고, 1145년에는 김부식에게 『삼국사기』를 편찬하게 했습니다.

일연
一然

고려 후기의 승려, 『삼국유사』를 지음
1206년~1289년

일연의 성은 김씨, 이름은 견명이며 14세에 출가하여 스님이 되었습니다. 몽고의 침략이 시작되자 불교의 힘을 빌려 고통 받는 나라와 백성을 위로하기 위해 힘썼지요. 1283년에는 고려 최고의 존경받는 스님으로 인정받기도 했어요. 1277년(충렬왕 3년)부터 임금의 명을 받고 선운사에 머물면서 『삼국유사』를 쓰기 시작했습니다. 이 책은 김부식의 『삼국사기』와 함께 삼국 시대의 역사를 담은 대표적인 책입니다. 『삼국사기』에는 실려 있지 않은 단군 신화와 가야 · 발해의 역사, 백성들 사이에서 떠돌던 신화, 전설, 불교에 관한 이야기가 실려 있어 역사 연구에 귀중한 자료가 되고 있답니다.

정중부
鄭仲夫

고려 중기의 무인, 무신 정권의 지도자
1106년~1179년

정중부는 지방에서 군인 생활을 하다가 개경으로 올라와 견룡대정이라는 벼슬에 올랐습니다. 그러나 김부식의 아들 김돈중이 자신의 수염을 촛불로 태우는 수모를 주자, 반란을 꿈꾸게 되었어요.

그 뒤 의종이 보현원에 행차했을 때 한뢰가 무신 이소응을 욕보이자 이의방, 이고와 함께 무신난을 일으켜 권력을 잡았습니다. 1174년에 정중부는 이의방을 죽이고 무신 정권의 최고 지도자가 되었습니다. 이후 정중부는 권력을 한손에 쥐고 사치와 방탕을 일삼다가 경대승에 의해 가족들과 함께 살해당하고 맙니다.

최영
崔瑩

고려 후기의 장군, 충신
1316년~1388년

최영은 남쪽 지방을 침략한 왜구를 토벌하는 공을 세워 유명해졌습니다. 1356년에는 공민왕의 반원 정책을 받들어 압록강 서쪽을 정벌하여 고려의 옛 영토를 회복했지요. 1359년과 1361년에는 중국 홍건적의 침략을 물리쳐 명성을 떨쳤습니다. 이후 신돈에 의해 6년 동안 유배 생활을 한 뒤 조정으로 돌아왔습니다. 이후 1378년 이성계와 함께 왜구를 물리친 공로로 안사공신에 임명되었어요. 최영은 1388년에 수문하시중 자리에 올라 우왕과 함께 요동 정벌을 계획했습니다. 명나라가 철령 북쪽의 땅을 요구하자 아예 요동을 정벌하여 고구려의 영토를 회복하려 한 것이죠. 그러나 요동 정벌군을 이끌던 이성계가 위화도에서 회군하여 실패하고 말았습니다. 최영은 개경에 침입한 이성계의 군대와 맞서 싸우다가 체포되어 처형당했습니다. 그는 "황금 보기를 돌 같이 하라"라는 아버지의 유

● **최영** 고려 후기의 이름난 장수로, 이성계에게 붙잡혀 처형되었다.

언에 따라 일생동안 청렴결백하게 산 것으로 유명합니다.

최우
崔瑀

고려의 무인, 최씨 무신 정권의 두 번째 지도자
?~1249년

최우는 최충헌의 아들로 태어나 1219년 아버지의 뒤를 이어 무신 정권을 이끌었습니다. 몽골의 침입이 시작되자, 1231년 국왕을 데리고 강화도로 도읍을 옮겨 대몽 항쟁에 나섰어요. 최우는 야별초를 만들어 야간 순찰을 돌거나 도둑을 잡게 했는데, 이것이 뒷날 삼별초로 발전했습니다. 1236년 부처님의 힘을 빌려 몽골의 침입을 물리치기 위해 팔만대장경의 제작을 시작했지요.

최의
崔竩

최씨 무신 정권의 마지막 지도자
?~1258년

최의는 아버지 최항과 노비였던 어머니 사이에서 태어났습니다. 최항의 정식 아내가 아이를 낳지 못하여 아버지의 대를 잇게 되었어요. 처음에는 나라의 창고를 열어 굶주린 백성들을 구하는 등 좋은 정치를 펴기 위해 노력했습니다. 그러나 어진 신하들을 멀리 하고 백성의 재물을 강제로 빼앗기 시작해 민심을 잃었지요. 최의는 무신 정권을 이끈 지 1년 만에 유경 등에 의해 죽임을 당했습니다. 이렇게 하여 4대 60여 년에 걸친 최씨 무신 정권이 막을 내리게 되었어요.

최충헌

崔忠獻

고려의 무인, 최씨 무신 정권을 엶
1149년~1219년

최충헌은 이전까지 무신 정권을 이끌던 이의민을 죽이고 권력을 잡은 무인입니다. 1197년에는 명종을 내쫓고 신종을 왕으로 세웠고, 1204년에는 신종을 내쫓고 희종을 세웠습니다. 또 1211년에는 희종마저 내쫓고 강종을 세웠어요. 이처럼 허수아비 왕을 앞세운 채 나라의 모든 일을 마음대로 주물렀습니다. 이때부터 무신 정권은 최씨에 의해 대를 이어 물려지게 되었습니다. 이것을 '최씨 무신 정권'이라고 부릅니다.

인물편

4

조선 시대

곽재우
郭再祐

조선 중기의 의병장, 임진왜란 때 일본군에 맞서 나라를 지켜냄
1552년~1617년

곽재우는 황해도 관찰사를 지낸 곽월의 아들로 태어났습니다. 1585년
(선조 18년) 과거 시험에 합격했지만 글의 내용이 선조의 마음에 들지 않
는다는 이유로 취소되었지요. 임진왜란이 일어나자 곽재우는 경상남도
의령에서 의병을 일으켰습니다. 그는 붉은 옷을 입고 다녀 홍의 장군이

라는 별명으로 일본군을 공포에 떨게
했어요. 그러면서 일본군이 곡창 지대
인 전라도를 점령하지 못하도록 하는
등 나라를 지키는 데 큰 공을 세웠습니
다. 그는 임진왜란이 끝난 뒤 다시 벼슬
길에서 물러나 숨어 살았습니다.

●홍의 장군 곽재우 동상

광해군
光海君

조선 제15대 왕, 임진왜란에서 공을 세웠고, 중립 외교로 후금과의
전쟁을 피하려 노력함
1575년~1641년(재위 1608년~1623년)

광해군은 제14대 선조의 둘째 아들로 태어났으며 이름은 혼입니다. 임
진왜란이 일어나자 세자로서 전쟁을 이끌며 많은 공을 세웠지요. 그는
둘째 아들이자 서자라는 신분 때문에 많은 어려움을 겪다가 1608년 간
신히 왕위에 올랐습니다. 왕이 된 뒤에는 임진왜란의 상처를 극복하기
위해 노력했어요. 대북파의 지지를 받으며 새롭게 들어선 후금(뒤에 청나

라)과의 전쟁을 피하기 위해 자주적인 외교를 펼치기도 했습니다. 부모의 나라로 섬기던 명나라를 편들지 않고 조선의 이익을 기준으로 외교 정책을 펼친 것이죠. 그러나 이런 정책이 서인들의 반발을 사 인조반정을 통해 왕위에서 쫓겨나게 되었습니다. 광해군은 강화도로 그리고 다시 제주도로 귀양 갔다가 비참하게 일생을 마쳤습니다.

김대건
金大建

한국인 최초의 천주교 신부
1821년~1846년

김대건은 증조할아버지와 아버지가 천주교를 위해 순교한 집안에서 태어났습니다. 그는 1836년, 조선에 몰래 들어와 있던 프랑스 국적의 모방 신부에게 세례를 받았지요. 이후 조선인 신부를 길러내기 위한 천주교의 계획에 따라 마카오로 유학을 떠났습니다. 1845년에는 중국 상하이에서 정식으로 신부에 임명되었어요. 우리나라 최초의 천주교 신부가 탄생하는 순간이었지요. 그러다가

1846년에 선교를 위해 조선에 들어왔다가 체포되어 처형당했습니다. 김대건은 1984년 로마 교황 요한 바오로 2세에 의해 우리나라 천주교 순교자 102명과 함께 성인으로 추대되었습니다.

● **김대건** 한국 최초의 천주교 신부이다.

김덕령
金德齡

조선 중기의 의병장
1567년~1596년

김덕령은 1592년 임진왜란이 일어나자 형 덕홍과 함께 의병을 일으켰습니다. 곽재우와 함께 영남 서부 지역을 지키는 데 공을 세웠지요. 그러나 1596년에 반란을 일으킨 이몽학을 토벌하려다가 오히려 그와 한편이라는 모함을 받아 억울하게 처형당했습니다. 김덕령은 1681년 병조판서에 추증(업적을 기리기 위해 죽은 뒤 벼슬을 내리거나 높여주는 일)되었습니다.

김만덕
金萬德

조선 후기의 여성 상인, 재산을 바쳐 굶어 죽어가는 제주도 백성들을 구함
1739년~1812년

김만덕은 제주도의 가난한 집안에서 태어나 12세에 고아가 되었습니다. 그 뒤 기생이 되었다가 제주목사 신광익에게 청원하여 양인(일반 백성) 신분을 되찾았지요. 양인이 된 뒤에는 장사에 뛰어들어 많은 재산을 모았습니다. 1793년 제주도에 큰 기근이 들자 전 재산을 바쳐 쌀을 사들인

뒤 굶어 죽어가는 제주도 백성들을 구했어요. 1796년 이 소식이 알려지자 정조의 배려로 제주도를 나와 한양의 궁궐과 금강산을 구경하기도 했습니다. 이후 김만덕은 제주도로 내려가 평안한 삶을 살다가 1812년 74세의 나이로 눈을 감았어요.

● 김만덕 조선 시대에 여성으로 태어났지만, 사업으로 큰 성공을 거두었으며 어려운 백성들을 적극적으로 도와 훌륭한 인물로 평가받았다.

김홍도
金弘道

조선 후기의 대표적인 화가
1745년~?

김홍도의 호는 단원입니다. 그는 화가 집안인 외가의 영향을 받아 어릴 때부터 그림 공부를 시작했어요. 20대에는 도화서(화가들을 관리하던 관청) 화원이 되었고, 뛰어난 그림 실력을 인정받아 영조와 정조의 초상화를 그렸답니다. 이밖에도 산수화, 인물화, 신선도, 풍속화 등 여러 그림을 잘 그렸는데, 특히 풍속화와 산수화로 유명합니다. 그의 풍속화는 백성들의 삶과 정서를 잘 드러내 가장 한국적인 그림 세계를 개척하는 데 큰 영향을 끼쳤다고 평가받고 있어요.

● 김홍도의 〈벼타작〉

단종
端宗

조선의 제6대 왕
1441년~1457년(재위 1452년~1455년)

건강이 나빴던 문종이 왕위에 오른 지 2년 만에 죽자 단종은 불과 12세의 나이로 왕이 되었습니다. 그러나 3년 만인 1455년, 삼촌인 수양 대군(뒤에 세조)에게 왕위를 빼앗기고 상왕이 되었지요. 1456년 성삼문, 박팽년, 하위지 등이 단종을 왕위에 다시 올리려다가 처형된 사건이 벌어지자 단종은 강원도 영월로 귀양을 떠났습니다. 그러다가 1457년, 세조에 의해 17세의 나이로 죽임을 당했습니다.

사도 세자
思悼世子

조선의 제21대 왕 영조의 아들이자 정조의 아버지
1735년~1762년

살려주세요!
살려주세요!

영조는 모친이 무수리 출신인 숙빈 최씨라는 출신상의 약점에도 불구하고 노론의 지지를 받아 왕위에 올랐지만 사도 세자는 노론의 횡포를 비판했습니다. 또한 성격상의 문제로 영조와 사이가 점점 더 나빠졌고, 사도 세자의 화병과 기행도 문제가 되어 결국 영조에 의해 8일 동안 뒤주에 갇혀 있다가 죽고 말았습니다.

사명 대사
四溟大師

조선 중기의 승려, 임진왜란 때 승병장으로 활약함
1544년~1610년

사명 대사의 출가 전 이름은 임응규입니다. 그는 어려서 부모를 여의게 되자 출가하여 스님이 되었어요. 1592년 임진왜란이 일어나자 스승인 휴정 대사와 함께 승병(승려로 이루어진 의병 부대)을 일으켜 평양성 전투 등에서 큰 공로를 세웠습니다. 또 1604년에는 임금의 명령을 받고 일본으로 건너가 포로가 된 조선 사람 3천여 명을 구출했답니다.

선조
宣祖

조선의 제14대 왕, 임진왜란을 치름
1552년~1608년(재위 1567년~1608년)

선조의 아버지는 조선 제11대 중종의 아들 덕흥 대원군입니다. 1567년 제13대 명종이 아들 없이 죽자 왕위에 올랐지요. 선조는 왕이 된 뒤 주자학을 장려하고 사림파(지방에서 학문에 몰두하다가 조정에 나온 유학자들)를 등용하여 정치를 이끌어나갔습니다. 그러나 사림파들 간의 당쟁을 지혜롭게 다스려 나가지 못했어요.

1592년 임진왜란이 일어나자 선조는 보름 만에 서울을 버리고 북쪽 끝의 의주까지 도망쳤어요. 이순신, 권율, 의병들의 활약과 명나라의 도움으로 위기를 넘기고 임진왜란이 끝날 때까지 전쟁을 지휘했습니다. 하지만 아무런 준비 없이 전쟁을 맞이하고 이후에도 제대로 된 왕의 역할을 하지 못해 후대에까지 많은 비판을 받고 있습니다.

성종
成宗

조선의 제9대 왕, 조선의 문물과 제도를 완성시킴
1457년~1494년(재위 1469년~1494년)

성종은 어릴 때부터 뛰어난 재능과 성품을 보였는데, 삼촌인 예종(제8대 왕)의 아들이 너무 어려 왕위에 올랐습니다. 훈구파(건국 초와 세조를 왕위에 올리는 일 등에 공을 세운 세력)의 횡포를 견제하기 위해 사림파(시골에 묻혀 학문을 연구하던 유학자들)를 불러들여 정치에 참여시키기도 했지요. 또 세조 때부터 시작된 『경국대전』의 편찬 사업을 완성시킴으로써 조선의 문물제도와 나라의 틀을 완성시켰습니다. 학문을 장려하고 국방을 튼튼히 하는 등 많은 분야에서 업적을 남겼답니다.

첫 번째 왕비인 공혜 왕후가 자식 없이 죽자 성종은 숙의 윤씨를 왕비로 삼아 연산군을 얻었습니다. 그러나 그 후 윤씨의 질투가 심해 대립하게 되자 왕비 자리에서 쫓아내고 사약을 내려 죽게 했어요. 이 때문에 성종과 윤씨 사이에서 태어난 연산군이 왕이 되자 조정에 피바람이 불게 되었습니다.

세조
世祖

조선의 제7대 왕, 왕권을 강화하고 나라의 제도를 마련함
1417년~1468년(재위 1455년~1468년)

세조는 왕이 되기 전에는 수양 대군이라 불렸습니다. 그는 세종의 둘째 아들로 태어났고 제5대 왕인 문종의 동생이었습니다. 문종이 죽고 12살의 단종이 즉위하자 반란을 일으켜 왕위를 빼앗았어요. 왕이 된 뒤에는 왕권을 강화하고 나라를 발전시키기 위해 많은 노력을 기울였습니다. 19세까지 이어진 법전인 『경국대전』을 편찬하고, 농사 장려, 토지 제도의 정비, 국방력 강화 등 여러 분야에서 뛰어난 업적을 남겼답니다. 그러나 어린 조카를 죽이고 왕위를 빼앗은 일은 조선 왕조에 큰 상처를 남긴 사건이었어요.

세종 대왕
世宗大王

조선의 제4대 왕, 훈민정음을 창제하고 나라의 기틀을 확립한 성군
1397년~1450년(재위 1418년~1450년)

세종 대왕은 제3대 태종의 셋째 아들로 태어나 두 형을 제치고 왕위에 올랐습니다. 즉위한 뒤 학문 연구 기관인 집현전을 설치하여 유교 정치를 발전시키고 뛰어난 신하들을 길러 냈어요. 또한 법전을 편찬하고 지방을

다스리기 위한 제도를 마련하는 등 나라의 기틀을 단단하게 다졌습니다. 또 농사법을 개선하고 토지와 세금 제도를 바꿔 백성이 편안하고 잘 살 수 있는 길을 열기 위해 노력했답니다.

무엇보다 큰 업적은 훈민정음(한글)의 창제인데, 이 밖에도 활자를 개량하여 수많은 책을 펴내고 음악과 예술을 장려하는 등 민족 문화를 화려하게 꽃피웠습니다. 천인 출신의 장영실을 등용하여 물시계, 해시계, 측우기 등을 만들어 과학 기술을 발전시키기도 했

지요. 이렇게 길러진 국력을 바탕으로 여진을 비롯한 왜구를 정벌하여 영토를 넓히는 등 세종은 역사상 어느 왕보다도 뛰어난 업적을 남긴 인물이었습니다.

●**세종 대왕** 조선의 제4대 임금으로 학문을 좋아하였다. 정치, 경제, 문화, 과학 등 여러 분야의 발전을 이끌었다.

숙종
肅宗

조선의 제19대 왕
1661년~1720년(재위 1674년~1720년)

숙종은 제18대 현종의 아들로 태어났습니다. 임진왜란과 병자호란 이후 무너져 가는 나라와 왕권을 다시 세우기 위해 노력했지요.

왕권을 강화하기 위해 서인, 남인, 노론, 소론으로 나뉘어 싸우는 당쟁을 이용했습니다. 그러나 이것은 당쟁을 부추기는 결과를 만들었어요. 숙종은 균(경종)과 금(영조) 두 아들을 두었는데 소론은 균, 노론은 금을 지지해서 조선 후기의 당쟁은 더욱 치열해졌습니다.

순조
純祖

조선 제23대 왕
1790년~1834년(재위 1800년~1834년)

순조는 제22대 정조의 둘째 아들로 태어나 11살의 나이로 왕위에 올랐습니다. 이후 4년 동안 영조의 왕비인 정순왕후가 대신 정치를 맡았어요. 그 후로 안동 김씨의 세도 정치가 시작되어, 정식으로 나라를 다스리게 된 뒤에도 제대로 뜻을 펼치지 못했습니다. 재위 기간 동안 안동 김씨를 위시로 한 세도 정치의 횡포 아래 수많은 민란이 일어나 나라가 몹시 혼란스러웠습니다.

신윤복
申潤福

조선 후기의 대표적인 화가
1758년~?

신윤복의 호는 혜원이고 대대로 그림을 그리는 화원 집안에서 태어났습니다. 김홍도가 백성들의 생활을 익살맞고 소박하게 그렸다면, 신윤복은 기생 등 여인들을 주인공으로 등장시켜 남녀 간의 사랑을 많이 다루었지요. 이 때문에 도덕에 맞지 않는다는 비판을 받고 도화서에서 쫓겨나고 말았습니다. 신윤복은 〈미인도〉, 〈선유도〉, 〈단오도〉 등 수많은 걸작을 남겼습니다.

●신윤복의 〈그네 타는 여인들〉

안용복

安龍福

조선의 어부, 일본 정부로부터 울릉도와 독도가 우리 땅임을
인정받음

?~?

안용복은 1693년 울릉도에서 고기잡이를 하던 중 일본 어민을 발
견하자 이를 꾸짖다가 일본에 끌려갔어요. 그는 울릉도와 독도가
우리 영토임을 강하게 주장하여 일본 정부로부터 이를 확인하는
문서를 받아 냈지요. 1696년, 울릉도에서 또 다시 일본 어민을 발
견한 그는 마쓰시마까지 찾아가 사과를 받고 귀국했습니다. 이듬
해 일본 정부는 울릉도가 조선 땅이라는 사실을 확인하는 공식 문
서를 보냈지요. 이로써 울릉도와 독도를 둘러싼 조선과 일본의 다
툼이 잦아들었답니다.

연산군

燕山君

조선의 제10대 왕, 조선 최고의 폭군
1476년~1506년(재위 1494년~1506년)

연산군은 성종의 큰아들로 어머니는 왕비 자리에서 쫓겨나 사약을 먹고 죽은 숙의 윤씨입니다. 1494년 즉위한 연산군은 점차 사치와 향락에 빠졌어요. 1498년과 1504년, 두 차례 사화(조선 시대 신하 및 선비들이 반대파에 몰려 큰 피해를 입은 사건)를 일으켜 자신에 반대하는 세력과 어머니의 죽음에 책임이 있는 사람들을 죽였습니다. 자신에게 옳은 말을 한다는 이유로 홍문관과 사간원을 없애고, 성균관을 놀이 장소로 바꾸는가 하면, 전국의 미녀들을 뽑아서 바치게 하는 등 온갖 횡포를 일삼았습니다. 결국 1506년 박원종, 성희안 등의 신하들이 반란을 일으켜 연산군을 내쫓고 이복동생인 진성 대군(뒤에 중종)을 왕위에 올렸습니다. 연산군은 강화도로 귀양 갔다가 2개월 만에 죽었습니다.

영조

英祖

조선의 제21대 왕, 조선 후기의 중흥을 이끈 성군
1694년~1776년(재위 1724년~1776년)

영조는 숙종의 아들로 태어나 이복형인 경종이 아들 없이 죽자 1724년 왕위에 올랐습니다. 그 후 탕평책을 실시해 당쟁을 극복하고 나라를 조화롭게 다스리기 위해 노력했어요. 그러나 뿌리 깊은 당파 간 갈등 속에서 노론과 대립한 아들 사도 세자를 스스로 죽이는 비극을 겪기도 했답니다.

영조는 균역법을 실시해 백성들이 군대에 가는 대신 내던 베 2필을 1필로 줄여주었습니다. 또 많은 노비들을 일반 백성의 신분으로 인정해 주고, 서자에 대한 차별을 없애기 위해 노력했어요. 잔인한 형벌을 금지하고, 신문고를 되살려 어려운 백성의 사정을 직접 듣기 위해 노력하기도 했습니다. 이처럼 수많은 업적을 남긴 결과 나날이 기울어 가던 조선은 새로운 중흥(쇠약해진 기운이 다시 살아남)의 시대를 맞게 되었어요. 영조는 52년 동안 나라를 다스렸고 83세에 세상을 떠났습니다.

이성계
李成桂

조선의 건국 시조, 고려를 멸망시키고 조선 왕조 5백 년 역사를 엶
1335년~1408년(재위 1392년~1398년)

시호는 태조, 원래 전주에 살았던 이성계의 고조할아버지 이안사는 간도(지금의 중국 만주 동남쪽 지방)로 이주했다가 다시 한반도의 동북 지방으로 내려와 원나라의 관리로 일했습니다. 이성계의 아버지 이자춘은 공민왕이 원나라로부터 쌍성총관부(지금의 함경남도 영흥)를 되찾을 때 이를 도와 고려의 벼슬을 받았어요. 이성계도 아버지를 따라 이 지역에 살며 고려를 위해 일했습니다. 그는 여진족, 홍건적(원나라에 맞선 중국 한족의 반란군), 왜구 등을 쳐부수며 고려 최고의 장수로 인정받았습니다. 그러자 사회 개혁을 바라던 정도전 등 신진 사대부들이 그를 중심으로 새 나라를 열기 위해 모여들었어요. 1388

● **이성계** 고려 말의 장수였으나 조선을 건국하고 초대 임금이 되었다.

년에는 우왕과 문하시중 최영이 명나라의 요동 지역을 정벌하기로 하고 그에게 지휘를 맡기자 이를 반대했습니다. 결국 이성계는 압록강의 위화도까지 갔다가 군사를 돌려 개경으로 쳐들어갔습니다. 그리고 우왕과 최영을 몰아내고 권력을 잡았다가 1392년에는 마침내 스스로 왕위에 올랐습니다. 처음에는 고려라는 이름을 그대로 두었다가 1393년 조선으로 나라 이름을 바꾸고 정식으로 새로운 왕조를 열었습니다.

이순신
李舜臣

조선 중기의 명장, 임진왜란 때 일본군을 무찔러 나라를 지킴
1545년~1598년

이순신은 한양에서 이정의 아들로 태어났습니다. 31세 때 무과에 합격하여 처음에는 변방의 장수로 떠돌다가 1591년 유성룡의 추천으로 전라좌도 수군절도사가 되었습니다. 그는 일본의 침략을 예상하여 거북선을 만들고 병사들을 훈련시키는 등 전쟁에 대비했지요.

이순신은 1592년 임진왜란이 일어난 뒤, 육지에서 조선 군대가 거의 패배하는 동안에도 바다에서 적을 무찔렀습니다. 옥포, 당항포, 율포 등지에서 백여 척의 왜선을 침몰시켰고, 7월에는 한산도에서 크게 승리했어요(한산도 대첩). 이 공로를 인정받아 삼도 수군통제사가 되었습니다.

그러나 1597년에는 왕명을 거슬렀다는 누명을 받아 감옥에 갇혔습니다. 우의정 정탁 등의 도움으로 간신히 목숨만 구한 뒤 백의종군(벼슬 없이 전쟁터로 나가서 싸움)했지요. 그런데 이 무렵 이순신 대신 전쟁을 지휘하던 원균은 칠천량 해전에서 일본군에 크게 패해 전사하고, 수군도 거의 전멸했습니다. 이에 이순신은 다시 수군통제사로 임명되어, 남은 단 13척의 배를 이끌고 명량 해협에서 적의 배 백 30여 척과 싸워 이겼어요(명량 해전). 1598년 전쟁을 포기하고 돌아가는 일본군을 노량 해협에서 무찔

렀지만, 자신도 총탄에 맞아 전사했습니다.

이순신은 황해를 통해 무기와 식량을 나르려던 일본군의 계획을 꺾어 전쟁을 승리로 이끈 민족의 영웅입니다. 1643년(인조 21년) 충무공이라는 시호를 받았고, 1704년(숙종 32년)에는 충청남도 아산에 그를 기리는 현충사가 세워졌어요. 문장에도 뛰어나 『난중일기』와 같은 작품을 남겼습니다.

● **이순신** 조선의 명장으로 임진왜란 당시 나라를 지키는 데 큰 공을 세웠다.

이이
李珥

조선 중기의 문신, 대학자. 성리학의 발전에 큰 역할을 함
1536년~1584년

이이의 호는 율곡입니다. 그의 아버지는 이원수이며 어머니는 신사임당이지요. 어릴 때 현모양처로 유명한 어머니의 가르침을 받았고, 13세에 진사시에 급제했습니다. 이후 아홉 번의 과거 시험에서 모두 장원급제해 구도장원공이라는 별명으로 불렸답니다. 23세 때는 58세의 퇴계 이황과 교류하며 학문에 대한 서로의 생각을 나누기도 했습니다. 29세에 관직에 올라 이조판서, 병조판서 등을 거치는 등 관리로서도 크게 성공했어요. 이이가 관직에 올라 있는

동안 조정에서는 동인과 서인 사이에 당쟁이 치열하게 벌어지고 있었습니다. 이이는 서인의 지도자로 있었지만 당파 간의 갈등을 풀기 위해 여러 가지 노력을 기울였어요. 나라를 위해 여러 가지 개혁 정책을 선조에게 건의했지만 받아들여지지 않았습니다. 그중 외적의 침입에 대비해 10만 명의 병사를 길러야 한다는 십만 양병설이 유명합니다. 이이는 49세의 나이로 눈을 감았습니다.

이황
李滉

조선 중기의 문신, 대학자. 성리학의 발전에 큰 역할을 함
1501년~1570년

이황의 호는 퇴계입니다. 이이와 함께 조선을 대표하는 유학자로 성리학의 발전에 큰 영향을 미쳤지요. 그는 태어난 지 7개월 만에 아버지를 여의고 홀어머니 밑에서 자랐습니다. 1527년에는 진사시에 합격하고 성균관에 들어가 공부했어요. 34세 되던 해 문과에 급제하여 관직에 나갔고, 이후 중요한 벼슬을 두루 거쳤습니다. 1549년 병이 들어 관직에서 물러난 후 고향에 돌아와 학문 연구와 제자를 길러 내는 일에 힘을 쏟았

어요. 그 후 명종이 70여 차례나 다시 불렀지만 번번이 병을 핑계로 나가지 않고 오직 학문 연구에 몰두했어요. 이황이 길러낸 제자로는 유성룡, 김성일 등 유명한 인물들이 많았고, 이들은

●퇴계 이황 조선의 문신이자 학자로, 「심경후론」, 「성학십도」 등의 책과 글을 남겼다.

영남학파라는 성리학의 학파를 이루었습니다. 이황은 자신의 학문
세계를 담은 『성학십도』를 선조에게 바치고 몇 년 뒤 세상을 떠났
습니다. 임진왜란 이후 그의 책들이 일본에 전해져 일본 성리학의
발달에도 큰 영향을 주었답니다.

인조
仁祖

조선의 제16대 왕, 정묘호란과 병자호란을 겪음
1595년~1649년(재위 1623년~1649년)

인조는 제14대 선조의 손자로 태어났습니다. 1623년 28세 때 서
인들이 광해군에 반대하여 일으킨 반정으로 왕위에 올랐지요. 이
때 광해군을 귀양 보내고 그를 지지했던 대북파 신하 수십 명을 처
형했습니다. 광해군과 달리 후금(청나라)에 반대하는 정책을 펴다
가 1627년 정묘호란을 겪었습니다. 후금 병사 3만 명의 침공으로
강화도로 피신했다가 '아우의 나라'가 되겠다는 맹세를 한 뒤 적을
돌려보냈지요. 그러나 그 뒤로도 계속 반청 정책을 펴다가 1636년
청나라 태종이 이끄는 10만 병사의 침략을 받았습니다(병자호란).

인조는 신하들과 경기도 광주의 남한산성에 들어가 40여 일 동안 버티다가 힘이 부쳐 삼전도(지금의 서울시 송파구 삼전동에 있었던 나루)에서 청 태종에게 항복했어요.

정약용
丁若鏞

조선 후기의 대표적인 실학자
1762년~1836년

정약용의 호는 다산입니다. 그는 1762년 진주 목사를 지낸 정재원의 아들로 태어났어요. 형제인 약전, 약종 등이 모두 뛰어난 재능을 가졌던 인물들이었습니다. 정약용은 남인에 속하는 이익의 학문에 크게 영향을 받았지요. 1783년 진사 시험에 합격하여 벼슬길에 올랐고, 정조 임금에게 크게 신뢰를 받았습니다. 정약용은 이 무렵 서양에서 들어온 서학(천주교)에 영향을 받았는데, 이 때문에 귀양을 가기도 했으나 곧 풀려났지요. 이후에도 정조의 배려 속에 여러 벼슬을 거치며 활약했습니다.

1800년 정조가 세상을 떠나자 노론 벽파는 시파를 공격했습니다. 이때 정약용도 천주교도로 몰려 전라남도 강진으로 귀양을 떠났어요. 이후 귀양살이를 하는 18년간 수많은 학문적 업적을 남겼답니다. 정약용은 『경세유표』『목민심서』『흠흠신서』『여유당전서』 등을 펴내 조선 후기에 일어난 실학을 체계적으로 종합했습니다. 이밖에도 거중기 등을 개발하여 수원성을 쌓고 천문학, 지리학, 역사학에도 큰 업적을 남기는 등 조선 시대를 대표하는 천재의 한 사람으로 알려져 있습니다.

정조
正祖

조선의 제22대 왕, 조선 후기의 문화를 꽃피우고 나라의 중흥을 이끈 성군

1752년~1800년(재위 1776년~1800년)

정조는 영조의 손자이자 사도 세자의 맏아들로 태어났습니다. 1776년 노론의 반대 속에 죽을 고비를 넘기며 왕이 되었어요. 즉위한 뒤 규장각을 설치하여 학문을 장려하고 뛰어난 인재들을 길러냈습니다. 정조는 영조의 탕평책을 이어받아 당쟁을 극복하고 왕권을 세우기 위해 노력했습니다. 오래 전 조정에서 밀려난 남인을 조정에 끌어올려 나랏일에 참여시키고, 서얼을 기용하는 등 인재를 고루 이용하는 데 많은 관심을 기울였지요. 이밖에도 수원성을 새로 쌓고 장용영이라는 부대를 만들어 왕권을 튼튼히 했으며, 백성을 위한 제도를 손질하고 문화를 발전시키는 등 기울어 가던 조선을 중흥시키는 데 큰 업적을 남겼습니다.

중종
中宗

조선의 제11대 왕, 연산군을 왕위에서 내쫓고 왕위에 오름
1488년~1544년(재위 1506년~1544년)

중종은 성종의 둘째 아들이며 연산군의 이복동생입니다. 성희안, 박원종 등의 신하들에 의해 새로운 왕으로 추대된 뒤 연산군을 내쫓고 왕위를 차지했어요. 이 사건을 중종반정이라고 합니다. 중종은 조광조 등 지방에서 학문을 연구하던 사림파들을 불러들여 개혁 정치를 실시했습니다. 그러나 이들이 지나치게 빨리 개혁 정치를 펴려 하자 불안감을 느껴 다시 쫓아내고 말았어요. 이후 훈구파(공신 세력)와 외척 세력이 대결하며 혼란이 계속되었으나 이를 극복하지 못했습니다.

철종
哲宗

조선의 제25대 왕
1831년~1863년(재위 1849년~1863년)

철종은 정조의 동생인 은언군의 손자로 태어났습니다. 그는 어렸을 때 집안이 권력 다툼에 휘말려 강화도에서 귀양살이를 하게 되었고, 철종도 농사를 지으며 자라났어요. 강화 도령이라는 별명은 이때 얻은 것이에요. 안동 김씨의 세도 정치가 계속되는 가운데, 헌종이 아들 없이 죽자 철종은 순원 왕후(순조의 왕비)에 의해 왕위를 물려받습니다. 철종은 안동 김씨의 위세에 휘둘려 불행한 삶을 살다가 술과 방탕한 생활에 빠져 일찍 죽었습니다.

최제우
崔濟愚

최제우의 호는 수운이며 원래 이름은 복술이었습니다. 제우라는 이름은 나중에 '어리석은 백성을 구제한다'라는 뜻으로 자신이 고친 것이에요. 그는 몰락한 양반집에서 태어나 6살 때는 어머니, 17살 때는 아버지를 여의었습니다. 이후 세상을 떠돌며 여러 가지 직업을 거쳤는데, 이때 비참한 백성들의 삶을 보며 이들을 구할 방법을 찾게 되었어요. 최제우는 1860년 기도 중에 하늘의 목소리를 듣는 신비한 경험을 한 뒤 동학을 만들었습니다. 동학은 그 무렵 서양에서 들어온 서학을 반대하며 동쪽(우리나라)에는 동쪽에 걸맞은 종교가 따로 있다는 생각으로 지은 이름이에요. 그는 1861년부터 동학을 세상에 퍼뜨리기 시작하여 1863년에는 신도가 3천여 명에 이르게 되었습니다. 그 뒤 동학이 전통적인 신분 제도를 무너뜨린다는 이유로 체포되고 맙니다. 최제우는 1864년 3월 세상을 어지럽혔다는 죄로 대구에서 처형당했습니다.

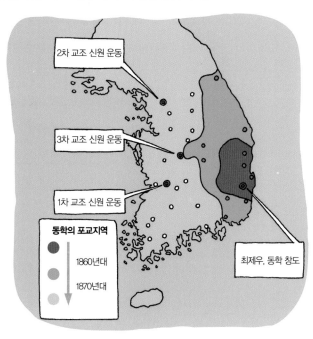

홍경래
洪景來

조선 후기 농민 반란의 지도자
1771년~1812년

홍경래는 몰락한 양반 출신으로 과거 시험을 포기하고 여러 곳을 떠돌며 지냈습니다. 이때 세도 정치 아래서 고통 받는 백성들의 모습을 본 뒤 조선 왕조를 무너뜨리고 새 나라를 열기로 결심했지요. 그 무렵 차별받던 서북 지방(지금의 평안도)의 양반, 상인, 농민, 노동자 등을 모아 1811년 12월 '홍경래의 난'을 일으켰어요. 관군에게 밀려 정주성으로 들어간 뒤 4개월 동안 버텼지만 성벽이 무너져 패배하고 자신도 전투 중 총에 맞아 죽었습니다.

휴정 대사
休靜大師

조선 중기의 승려, 임진왜란 때 일본군과 맞서 싸운 승병장
1520년~1604년

서산 대사라고도 불립니다. 스님이 되기 전 이름은 최여신이에요. 그는 어렸을 때 부모님을 여의고 12살에 성균관에 들어가 유학을 공부했습니다. 그러나 차츰 불교로 기울어 결국 출가해 스님이 되었습니다. 휴정 대사는 금강산, 태백산, 묘향산 등을 다니며 수행을 하고 사명 대사 등을 비롯한 유명한 제자들을 길러 냈습니다. 임진왜란이 일어나자 승병들을 모아 평양 전투에 참여하는 등 많은 공을 세우기도 했어요. 이를 바탕으로 선조로부터 정2품의 벼슬을 받기도 했습니다. 1604년 묘향산에서 앉아서 수행을 하는 자세로 세상을 떠났습니다.

고종
高宗

조선의 제26대 왕, 대한 제국 초대 황제
1852년~1919년(재위 1863년~1907년)

고종의 어렸을 때 이름은 명복 또는 재황이며 흥선 대원군의 아들로 태어났어요. 제25대 철종이 아들 없이 죽자 대왕대비 조씨에 의해 왕위에 올랐지요. 고종이 12세의 어린 나이로 왕위에 올랐기 때문에 아버지 흥선 대원군 이하응이 10년간 나랏일을 대신 돌보았습니다. 1873년부터는 정식으로 직접 나라를 다스리게 되었지만, 왕비인 민비와 그 친척들에 휘둘려 왕권은 강하지 못했어요.

1876년, 고종은 일본과 강화도 조약을 체결하여 나라의 문을 열었습니다. 이후 임오군란, 갑신정변 등의 혼란을 겪었고, 1894년에는 동학 농민 운동이 일어났지요. 이때 조선에 들어온 청군과 일본군이 청일 전쟁을 벌여 큰 피해를 입기도 했습니다. 전쟁 뒤 일본을 견제하기 위해 러

●고종 황제

시아 세력을 끌어들였고, 1897년에는 대한 제국을 선포하여 황제가 되었어요. 그러나 1905년 일본과의 을사조약을 막지 못했고, 1907년에는 헤이그 밀사 사건을 계기로 왕위에서 쫓겨나고 말았답니다. 고종은 그 후 덕수궁에 갇혀 지내다가 1919년에 죽었습니다.

김상옥

金相玉

독립운동가

1890년~1923년

김상옥은 가난한 집안에서 태어나 일찍부터 민족 운동의 길에 뛰어들었습니다. 국산품 장려 운동 등 애국 계몽 운동을 벌이던 그는 3·1 운동 이후 중국으로 망명해 의열단의 단원으로 활동했어요. 1923년에는 국내로 몰래 들어와 종로 경찰서에 폭탄을 던졌습니다. 그 뒤에는 조선 총독 사이토의 암살을 노리다가 발각돼 일본 경찰 수십 명을 부상시킨 뒤 도망치기도 했지요. 김상옥은 효제동에서 4백여 명의 일본 경찰에 포위되어 3시간 동안 총격전을 벌이다가 총알이 떨어지자 스스로 목숨을 끊었습니다. 1962년 건국 훈장 대통령장이 수여되었고, 1998년에는 서울 대학로의 마로니에 공원에 동상이 세워졌어요.

김좌진
金佐鎭

독립운동가, 북로군정서 총사령관으로 청산리 대첩을 이끎
1889년~1930년

김좌진은 안동 김씨 집안에서 태어났지만, 15세 때 집안의 노비들을 해방시키고 땅을 나눠주는 등 일찍부터 깨인 생각을 가지고 있었습니다. 1905년에는 서울로 올라와 애국 계몽 운동을 벌였고, 1911년에는 일제에 체포되어 2년 6개월 동안 감옥살이를 하기도 했어요. 그는 1918년 만주로 건너가 무장 독립운동을 벌여 나갔습니다. 그는 1919년 북로군정서의 총사령관이 되었고, 이듬해에는 일본군에게 처참한 패배를 안긴

● 김좌진 장군

청산리 대첩을 이끌었답니다. 이후 여러 갈래로 나뉘어 싸우는 독립운동 진영을 하나로 뭉치게 하는 데 힘을 쏟았어요. 김좌진은 1930년 닝안 현 산시역에 있는 집 앞 정미소에서 공산주의자 박상실에게 암살당했습니다.

나운규
羅雲奎

영화감독, 배우, 〈아리랑〉으로 민족 영화의 길을 개척함
1902년~1937년

나운규의 호는 춘사입니다. 그는 만주, 연해주를 떠돌며 독립운동을 하다가 귀국하여 배우로 활동했습니다. 1926년에는 민족의 현실을 담은 영화 〈아리랑〉을 만들어 큰 성공을 거두었지요. 이후 민족정신과 감정을

담은 여러 영화를 연출하고 배우로도 출연하여 한국 영화를 개척하는 데 큰 역할을 담당했습니다. 그러나 나운규는 방탕한 생활로 인기가 떨어지고 폐결핵까지 악화되어 35세의 나이로 눈을 감았습니다. 대표작으로는 〈아리랑〉, 〈벙어리 삼룡이〉 등이 있습니다.

명성 황후
(민비)
明成皇后

조선 제26대 왕 고종의 왕비
1851년~1895년

명성 황후는 명문가인 여흥 민씨 집안에서 태어났습니다. 8세 때 부모를 여의고 친척의 도움으로 살다가, 16세 되던 해 흥선 대원군에 의해 왕비로 선택되었지요. 그러나 대원군과 갈등을 빚은 끝에 1873년 고종을 부추겨 대원군을 쫓아낸 뒤 자신의 친척들로 조정을 이끌게 했습니다. 1882년 임오군란이 일어나자 청나라 세력을 끌어들여 자리를 지켰고, 1894년 청일 전쟁에서 청나라가 패하자 러시아에 접근하여 일본을 견제하려고 했습니다. 이 때문에 일본의 미움을 사 1895년 궁궐에 침입한 일본인 낭인들에게 잔인하게 살해당하고 시신은 불태워졌습니다. 이 사건을 을미사변이라고 합니다. 조선의 개화를 위해 몇 가지 노력을 했지만, 민씨 세력과 함께 나라를 어지럽혀 많은 비판을 받기도 합니다.

박은식
朴殷植

독립운동가, 역사가, 언론인, 대한민국 임시 정부 제2대 대통령
1859년~1925년

박은식은 어렸을 때 주자학을 배웠지만 1896년 독립 협회의 활동에 영향을 받아 근대 학문을 공부했습니다. 이후 애국 계몽 운동가로 변신하여 일제로부터 벗어나기 위한 국력을 기르는 데 힘을 쏟았어요. 한일병합 뒤인 1911년, 박은식은 중국으로 망명하여 독립운동을 벌였습니다. 특히 나라의 혼을 지키면 이민족의 식민지가 되어도 반드시 독립을 이룰 수 있다는 생각으로 역사 연구에 몰두했어요. 나라의 혼을 담는 그릇 중 하나가 역사라는 생각 때문이었습니다. 이밖에도 《독립신문》에 글을 발표하고 임시 정부의 대통령에 취임하는 등 평생을 독립운동에 헌신했어요. 박은식은 1925년 67세의 나이로 눈을 감았습니다. 『한국통사』『한국독립운동지혈사』 등의 책을 남겼습니다.

손기정
孫基禎

1936년 베를린 마라톤 우승으로 한국인의 기상을 세계에 떨침
1912년~2002년

손기정은 16살에 일본 유학길에 올라 메지이대학 법학과를 졸업했습니다. 고등학교 시절부터 마라톤 선수 생활을 시작하여 1935년 일본 대표팀에 선발되었어요. 그리고 마침내 1936년 독일에서 열린 제11회 베를린 올림픽 마라톤 대회에서 2시간 29분 19초 당시 세계 신기록으로 우승했습니다. 이것은 우리 민족으로서 올림픽 금메달을 딴 최초의 사건이에요. 그러나 정작 시상대에서는 일장기를 가슴에 달고 금메달을 받는 치욕을 겪어야 했지요. 이 때문에 그의 가슴에 달린 일장기를 지운 사진을 신문에 실어 기자가 체포되고 신문사가 문을 닫는 '일장기 말소

사건'이 벌어지기도 했습니다. 이후 손기정은 죽을 때까지 우리나라의 체육 발전을 위해 많은 활동을 벌였습니다.

●손기정 1936년 8월 9일 베를린 올림픽에서 마라톤에 우승을 해 민족의 영웅이 되었다. 손기정 선수의 가슴에 있던 일장기가 지워져 빈 공간이 보인다.

신돌석
申乭石

조선 말기의 평민 출신 의병장
1878년~1908년

신돌석의 원래 이름은 태호입니다. 그는 1895년 을미사변과 단발령이 일어나자 19살의 나이로 의병을 일으켜 백여 명의 병사들을 이끌었어요. 그 뒤 고종의 의병 해산 명령에 따라 고향에서 머물다가 을사조약이 맺어지자 다시 의병을 일으켰습니다. 그는 경상도와 강원도 일대에서 일본군을 여러 차례 격파하여 '태백산 호랑이'라는 별명으로 불렸어요. 그러나 양반 출신 의병장이 대부분이던 상황에서 평민 신분이었기 때문에 의병장들 사이에서 큰 차별을 받았습니다. 1908년 겨울을 나기 위해 의병을 해산하고 부하 김상렬의 집에 숨어 있다가 그의 배신으로 목숨을 잃고 말았어요.

신채호
申采浩

독립운동가, 역사가, 언론인
1880년~1936년

신채호는 10여 세에 유학의 경전과 『통감』을 떼어 신동이라 불렸습니다. 1898년 독립 협회에 참여하여 활동했고, 이후에는 황성신문사, 대한매일신보사에서 기자로 활약했어요. 언론 활동을 하면서 독립을 위한 민족의 실력을 기르는 일에 힘썼습니다. 1910년 한일병합이 이루어질 무렵 해외로 망명하여 중국과 러시아 연해주에서 독립운동을 벌여 나갔습니다. 3·1운동 이후에는 대한민국 임시 정부에도 참여했지만, 강대국에 의존하여 외교적으로 독립을 이루려는 생각에 반대하여 무장 투쟁을 벌여 나갔지요. 그러다가 1928년에 폭탄 공장을 세우기 위한 자금을 마련하던 중 일제에 체포되고 말았습니다. 1936년 신채호는 중국의 뤼순 감옥에서 병으로 죽었습니다. 신채호는 『조선 상고사』 등의 책을 써, 독립운동뿐만 아니라 우리 역사에 대한 연구로도 유명합니다.

심훈
沈熏

민족 시인, 소설가, 영화감독
1901년~1936년

심훈은 1919년 3·1운동에 참여했다가 감옥에 갇혔고, 이 사건으로 경성 제일 고등 보통학교에서 퇴학당했습니다. 이후 3년간 중국에서 망명 생활을 했어요. 그러다가 1923년에 귀국하여 연극 운동을 했고, 25년에

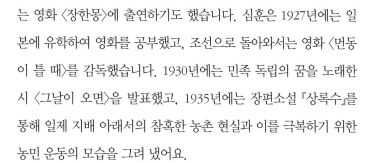

는 영화 〈장한몽〉에 출연하기도 했습니다. 심훈은 1927년에는 일본에 유학하여 영화를 공부했고, 조선으로 돌아와서는 영화 〈먼동이 틀 때〉를 감독했습니다. 1930년에는 민족 독립의 꿈을 노래한 시 〈그날이 오면〉을 발표했고, 1935년에는 장편소설 『상록수』를 통해 일제 지배 아래서의 참혹한 농촌 현실과 이를 극복하기 위한 농민 운동의 모습을 그려 냈어요.

안중근
安重根

조선 말기의 의병장, 의사(義士). 이토 히로부미를 암살하여 독립 의지를 세상에 떨침

1879년~1910년

안중근은 개화파인 아버지 안태훈의 영향으로 1895년 천주교에 들어가 토마스라는 세례명을 얻었습니다. 그는 1905년 을사조약이 맺어지자 애국 계몽 운동에 나서 학교를 설립하고, 모금 운동을 통해 나라 빚을 갚자는 국채 보상 운동에 참여했어요. 1907년에는 고종이 일제에 의해 강제로 퇴위되자 강원도에서 의병을 일으켰습니다. 이후 러시아의 블라디보스토크로 넘어가 의병 부대를 만들고 일본군 수비대를 격파하는 등 많은 활약을 했어요. 안중근은 1909년 침략의 원흉 이토 히로부미가 러시아 관리와 회담하기 위해 찾아온다는 사실을 전해 듣고,

●**안중근 의사** 독립운동가로 이토 히로부미를 저격했다. 이토 히로부미는 응급 처치를 받고도 살아나지 못했다.

민족의 독립과 동양 평화를 위해 그를 암살하기로 결심합니다. 10월 26일, 히로부미가 하얼빈 역에 도착하자 안중근은 세 발의 총을 쏘아 그를 죽이고 독립 만세를 외친 뒤 체포되었습니다. 이후 뤼순 감옥으로 넘겨져 사형을 선고받고 1910년 3월 26일 순국했습니다.

안창호
安昌浩

독립운동가, 교육자
1878년~1938년

안창호의 호는 도산입니다. 그는 가난한 농부의 아들로 태어나 17세 때 서울로 올라와 신식 교육을 받았어요. 이후 독립 협회에 가입하여 활동했습니다. 안창호는 평양의 쾌재정과 서울 종로에서 열린 만민 공동회에서 한 연설로 명성을 얻었습니다. 독립 협회가 고종에 의해 해산 당하자 1902년 미국으로 유학을 떠났지요. 1905년 을사조약이 맺어지자 귀국하여 애국 계몽 운동을 벌여 나가는 한편, 비밀 독립운동 조직인 신민회를 만들고, 평양에 대성 학교를 세워 교육 운동에도 나섰습니다. 1911년에는 다시 미국으로 떠나 동포들과 함께 독립운동을 벌였지요. 이때 '참되고 실속 있게 힘써 행동한다'라는 뜻을 가진 무실역행의 정신을 바탕으로 흥사단을 만들기도 했습니다. 일제에 의해 한일병합이 이루어지자 중국으로 망명해 대한민국 임시 정부에서 활동했습니다. 안창호는 《독립신문》을 발간하고 임시 정부의 국무총리 대리로 활동하는 등 수많은 활약을 했습니다. 그러다가 1932년 윤봉길 의사의 홍커우 공원 의거가 일어난 뒤 일제에 체포되어 2년 6개월간 감옥살이를 했어요. 그는 1937년 수양동우회 사건으로 다시 체포되었다가 풀려났는데, 이때 건강이 악화되어 눈을 감았습니다.

양세봉

梁世奉

독립운동가, 조선 혁명군 총사령관

1896년~1934년

양세봉은 가난한 농부의 자식으로 태어났습니다. 그는 23세 때 3·1 운동에 참여하고, 뒤이어 평안북도 천마산을 근거지로 만들어진 독립군 부대 천마산대에 들어가 활동했어요. 1920년에는 부대와 함께 만주로 건너가 여러 곳의 독립군 부대에서 장교로 활약했습니다. 1931년 조선 혁명군의 총사령관이 되었고, 1932년 일제가 만주를 침략하자 중국군과 함께 손을 잡고 일본군과 싸웠어요. 영릉가 등 여러 차례의 전투에서 귀신같은 작전으로 일본군을 무찌르며 '전쟁의 신'이라는 별명을 얻었지요. 1934년 일제의 스파이 박창해의 음모에 걸려들어 총을 맞고 숨졌습니다.

엄복동

嚴福童

일제 강점기의 사이클 선수

1892년~1951년

엄복동은 청소년 시절 자전거 판매점의 점원으로 일하며 사이클 경기 기술을 익혔습니다. 1913년 전 조선 자전차 경기 대회에서 우승하며 이름을 떨치기 시작했지요. 1920년 일제는 우리 민족의 기를 꺾기 위해 일본 최고의 선수 모리 다카히로를 데려와 경성 시민 대운동회에 출전시켰지만 엄복동에게 패했습니다. 그 뒤로도 여러 차례 일본 선수를 꺾고 우승을 차지해 민족의 사랑을 독차지했어요. 엄복동은 1930년대 초반 은퇴한 이후 비참한 떠돌이 생활을 하다가 6·25 전쟁 때 죽었습니다.

●**엄복동** 전 조선 자전차 경기 대회, 전 조선 남녀 자전거 대회 등 다양한 대회에서 일본인 선수를 이기고 승리해 식민지 조선인의 스타가 되었다.

윤동주
尹東柱

민족 시인, 독립운동가
1917년~1945년

윤동주는 교회 장로이자 교사였던 윤영석의 아들로 북간도(지금의 중국 연변)에서 태어났습니다. 그는 1935년 평양에 있는 숭실 중학교에 입학한 뒤 처음으로 〈공상〉이라는 시를 학교 문예지에 발표했어요. 1938년에는 연희 전문학교 문과에 입학했습니다. 졸업할 때 『하늘과 바람과 별과 시』라는 시집을 출판하려 했지만 뜻을 이루지 못했어요. 1941년 일본 유학길에 올라 릿쿄 대학과 도시샤 대학에서 영문학을 공부했습니다. 그러다가 1943년 독립운동을 했다는 이유로 체포돼 감옥에 갇혔어요. 1945년 2월 16일, 일제가 죄수들을 상대로 벌인 생체 실험 때문에 눈을 감고 말았습니다. 그로부터 3년 뒤인 1948년 『하늘과 바람과 별과 시』가 출판되었고, 〈서시〉, 〈자화상〉, 〈별 헤는 밤〉 등 뛰어난 작품을 남겼습니다.

윤봉길
尹奉吉

독립운동가, 의사(義士), 훙커우 공원 폭탄 사건으로 민족의 독립 의지를 세계에 떨침

1908년~1932년

윤봉길은 어려서 한학을 공부했지만 곧 스스로의 힘으로 역사와 신학문을 공부했습니다. 1926년부터 농촌 계몽 운동에 뛰어들어 농민을 위한 책을 쓰고 글을 가르치는 등 여러 가지 활동을 벌였어요. 1930년에는 독립군이 되기 위해 "뜻을 이루기 전에는 집을 나가 돌아오지 않겠다"라는 편지를 남긴 채 가족도 모르게 중국으로 떠났지요. 1932년에는 김구가 만든 한인 애국단에 들어가 독립

을 위해 목숨을 바칠 기회를 노렸습니다. 그리고 그해 4월 29일, 윤봉길은 상하이 홍커우 공원에서 벌어진 전쟁 승리 축하식장에 도시락에 담긴 폭탄을 던졌습니다. 이 일로 일본군 사령관 시라카와를 비롯한 두 명이 죽고 여러 명이 크게 다쳤어요. 윤봉길 의사는 현장에서 체포되어 일본으로 끌려갔고, 1932년 가나자와 형무소에서 총살되었습니다. 이 사건으로 일본의 중국 침략이 한동안 잠잠해졌고, 중국 국민당 정부가 한국의 독립운동을 돕기 시작했습니다.

이봉창
李奉昌

독립운동가, 의사(義士), 일본 천황에게 폭탄을 던져 민족의 독립 의지를 세상에 떨침

1900년~1932년

이봉창은 가난한 집안에서 태어나 초등학교만을 마치고 일본인 상점의 직원으로 일했습니다. 1924년 일본으로 건너가 일본인의 양자가 되어 이름을 바꾸고 여러 직업을 거치며 일본을 치밀하게 관찰했습니다. 1931년에는 독립운동을 본격적으로 벌이기 위해 중국 상하이로 가서 한인 애국단에 가입한 뒤 일본 천황을 암살하기로 결심합니다. 1931년 12월에 일본으로 건너간 그는 이듬해 1월 초, 군대의 사열식을 마치고 돌아가는 일본 천황을 향해 폭탄을 던졌습니다. 그러나 일본 천황이 탄 마차를 정확히 알지 못해 암살에는 실패하고 말았습니다. 현장에서 체포된 이봉창은 감옥에서도 늠름한 모습으로 일제를 꾸짖다가 10월 10일 이치가야 형무소에서 처형되었습니다. 침체에 빠져 있던 임시 정부의 활동은 그의 의거를 계기로 새로운 힘을 되찾았어요.

이상설
李相卨

독립운동가, 헤이그 밀사 사건의 주인공
1870년~1917년

이상설은 1894년 조선 왕조의 마지막 과거인 식년 문과에 급제하여 벼슬길에 올랐습니다. 1905년 을사조약이 체결될 때 이를 반대하는 상소를 다섯 차례나 올리고, 종로에서 자살을 시도했지만 실패했어요. 이상설은 1907년 고종의 명령을 받고 이준, 이위종과 함께 네덜란드 헤이그에서 열리는 만국 평화 회의에 참석하기 위해 떠납니다. 일제의 방해로 회의에 참석하지는 못했지만 국제 사회에 일본의 침략성과 조선의 독립 의지를 널리 알렸지요. 이후 그는 러시아의 연해주와 중국의 간도를 주요 무대로 독립운동을 끈질기게 벌여 나갔어요. 그러다 1917년 러시아의 연해주 니콜리스크에서 병에 걸려 세상을 떠났습니다. "조국의 광복을 이루지 못했으니 몸과 유품은 모두 불태우고 제사도 지내지 말라"라는 유언을 남겼지요.

이완용
李完用

친일파, 을사오적의 한 사람
1858년~1926년

이완용은 1882년 과거에 합격하여 벼슬길에 올랐습니다. 처음에는 친러파로 1896년 아관파천을 이끌었어요. 이후 일본 세력이 커지자 친일파 학부대신으로 1905년 을사조약을 밀어붙여 을사오적으로 불리었어요. 1907년에는 헤이그 밀사 사건을 계기로 고종을 협박하여 왕위에서 내쫓았고 1910년에는 총리대신으로 한일병합을 이끌었습니다. 조선이 멸망하자 일본 귀족에 임명되어 총독부로부터 당시 돈 15만 환(지금 가치로 약 30억 원)을 받았어요. 이완용은 죽을 때까지 친일파로 행동해 지금까지 매국노로 비판받는 인물입니다.

이위종
李瑋鍾

독립운동가, 헤이그 밀사 사건의 주인공
1887년~?

이위종은 외교관이었던 아버지를 따라 미국, 영국, 프랑스, 러시아 등을 돌아다니며 외국어를 능숙하게 사용할 줄 알았습니다. 1905년 을사조약이 체결되고, 귀국 명령이 내려졌지만 러시아에 머물렀어요. 1907년 고종의 명령으로 이상설, 이준과 함께 만국 평화 회의가 열리는 네덜란드 헤이그로 갔습니다. 비록 회의에 참석하지는 못했지만 국제 협회에서 조선의 독립에 관한 연설을 해 큰 감동을 불러일으켰어요. 이후 이상설과 함께 미국, 영국 등지를 돌며 독립을 호소하고, 러시아로 가서 독립운동을 벌였습니다. 이위종은 연해주에서 계속 독립운동에 참여했지만 언제 어떻게 세상을 떠났는지에 대해서는 알려지지 않았습니다.

이육사
李陸史

독립운동가, 민족 시인
1904년~1944년

이육사의 원래 이름은 원록입니다. 이육사는 대구 형무소에 갇혔을 때 받았던 죄수 번호 264번에서 비롯된 것이에요. 그는 21살 때인 1925년 의열단에 가입했고 이듬해에는 베이징 사관 학교에 입학하여 군사 교육을 받았습니다. 그 뒤 1927년 귀국했다가 조선은행 대구 지점 폭파 사건의 범인으로 몰려 대구 형무소에서 3년 동안 감옥살이를 했고, 그 뒤

로도 17차례나 감옥을 드나들며 독립운동에 몸을 바쳤지요. 1933
년에는 이육사라는 이름으로 시를 발표했고, 1937년에는 다른 시
인들과 함께 《자오선》이라는 잡지를 펴내기도 했습니다. 이육사
는 1941년 독립운동을 한 혐의로 서울에서 체포되어 중국 베이징
의 감옥으로 갔다가 그곳에서
죽었습니다. 그는 〈광야〉〈청
포도〉 등 민족의 현실을 노래한
뛰어난 작품을 남겼어요.

●**이육사** 의열단 활동을 하던 중 감옥에
잡혀들어가 받았던 죄수 번호 264를 이름
으로 삼았다. 독립운동 혐의로 체포되어
감옥에서 사망했으며 『청포도』 등의 시집
을 남겼다.

이준
李儁

독립운동가, 헤이그 밀사 사건의 주인공
1859년~1907년

이준은 1894년 법관을 길러내기 위한 학교를 졸업하고 2년 뒤 한
성 재판소의 검사보에 임명되었습니다. 그 뒤 일본 유학을 떠나 와
세다 대학 법과를 졸업한 뒤 귀국했어요. 1898년에는 독립 협회
에 가입한 뒤 애국 계몽 운동을 활발하게 벌여 나갔습니다. 이준은
1907년 네덜란드 헤이그에서 제2회 만국 평화 회의가 개최된다는
소식을 듣고 비밀리에 고종을 만났습니다. 그는 세계 여러 나라가
모인 자리에 나라의 대표를 보내 조선의 독립을 호소하자고 주장
해 고종의 허락을 받아냈어요. 이후 러시아에 머물고 있던 이상설,
이위종을 만나 헤이그로 향했지만 일제의 방해로 회의에 참석하지

못했습니다. 이준은 이 사실에 분노를 참지 못하고 건강을 해쳐 헤이그에서 눈을 감고 말았습니다. 그의 시신은 헤이그의 공동묘지에 묻혔다가 1963년 국내로 옮겨와 서울 수유리에 안장되었습니다.

전봉준
全琫準

조선 말기의 농민군 지도자, 동학 농민 운동으로 자주적인 근대화의 길을 시도함

1855년~1895년

전봉준은 전라도 고부군에서 몰락한 양반 전창혁의 아들로 태어났습니다. 그는 체격이 작아 녹두라는 별명으로 불렸고 이것이 뒤에 녹두 장군으로 바뀌었어요. 전봉준은 1890년 동학에 들어가 2년 뒤 2대 교주 최시형에 의해 고부 지방의 동학 책임자인 접주로 임명되었습니다. 1894년 1월에는 수백 명의 농민과 함께 군수 조병갑의 횡포에 항의하여 고부민란을 일으켰지요. 그러나 거기서 그치지 않고 3월 20일에는 손화중, 최경선 등과 함께 제1차 동학 농민 운동을 일으켜 농민군의 총대장으로 활약했습니다. 4월에는 전라 감영군과 한양에서 내려온 장어영 부대를 격파하고 전주성을 점령했습니다.

● **체포되는 전봉준** 전봉준은 체포 후 서울로 옮겨져 재판을 받고 사형에 처해진다.

이에 놀란 조정의 요청으로 청나라, 일본의 군대가 국내에 들어오자 잠시 물러나 농촌의 질서를 회복하는 데 힘썼습니다. 그러나 청일 전쟁에서 일본이 승리하자 전봉준은 제2차 동학 농민 운동을 일으켰어요. 그는 곳곳의 동학 농민군을 모아 한양으로 올라갔지만 공주 우금치에서 일본군에게 크게 패했습니다. 결국 1894년 12월 전라도 순창에서 체포돼 서울로 끌려오고 맙니다. 이듬해 재판을 받고 손화중, 최경선 등 다른 동학 지도자들과 함께 처형당했습니다. 그는 농민을 중심으로 한 조선의 근대화를 시도한 인물로 역사에 큰 영향을 끼쳤습니다.

한용운
韓龍雲

독립운동가, 승려, 민족 시인
1879년~1944년

한용운이 스님이 되기 전 이름은 유천, 호는 만해입니다. 어렸을 때 한학을 배우다가 18세 때 백담사로 들어가 불교 서적을 공부했어요. 1905년 백담사에서 정식 승려가 되었고 1908년에는 일본으로 가서 서구의 선진 문물을 익혔어요. 1911년에는 조선의 불교를 친일 불교로 만들려는 일제에 맞서 싸웠지요. 1919년 3·1운동 때에는 불교계의 대표로 민족 대표 33인 가운데 한 사람이 되었습니다. 그는 3년 동안의 감옥살이 중에도 일제에 저항하는 자세를 잃지 않았답니다. 감옥에서 나온 1922년부터는 민족의 실력을 기르기 위한 여러 가지 운동에 참여했어요. 일제의 민족 말살 정책이 심해지던 1940년대에는 창씨개명 반대 운동을 벌이는 한편, 청년들을 학도병으로 전쟁에 내모는 일에 맞서 싸웠지요. 1944년 조선 총독부와 마주보기 싫다며 북쪽을 향해 지은 성북동의 집에서

머물다 병으로 숨을 거두었습니다. 대표적인 시 작품으로는 〈님의 침묵〉이 있어요.

●**한용운** 3·1 운동에 앞장 선민족대표 33인 중 한 명으로 〈님의 침묵〉 등의 시를 남겼다.

홍범도
洪範圖

의병장, 독립군 사령관. 봉오동 전투와 청산리 대첩에서 일본군을 크게 무찌름

1868년~1943년

홍범도는 일찍 부모를 여의고 남의 집 머슴살이를 하는 등 불우한 어린 시절을 보냈습니다. 1895년 을미사변이 일어나자 의병을 일으켜 싸웠어요. 홍범도는 고종의 명령으로 의병이 해산하자 포수가 되어 짐승을 사냥하며 살았습니다. 1907년 다시 의병이 일어나자 6백~7백명의 부하들을 이끌고 수십 차례의 전투에서 빛나는 승리를 거두었어요. 1911년 일본군의 토벌을 피해 중국과 러시아를 무대로 대한 독립군을 만들어 활약했습니다. 1920년에는 6월 4일 삼둔자 전투에서 일본군을 전멸시키고 7일에는 일본군 19사단을 봉오동으로 끌어들여 3백여 명을 전사시키는 승리를

●홍범도

거두었어요. 1921년 일본군의 반격이 시작되자 김좌진 장군의 북로군정서 등과 손을 잡고 일본군 37여단 1만 5천여 명 중 3천여 명을 죽이는 엄청난 승리를 거두었답니다(청산리 대첩). 이후 일본군의 대 토벌작전을 피해 러시아로 넘어갔다가 그곳에 머물게 되었어요. 홍범도는 1937년 소련 정부가 한국인들을 중앙아시아로 강제 이주시킬 때 카자흐스탄으로 끌려갔습니다. 그곳에서 극장 수위로 일하다가 쓸쓸하게 눈을 감았지요.

흥선 대원군
興宣大院君

조선 말기의 정치가
1820년~1898년

흥선 대원군의 이름은 이하응이며 영조의 4대손이자 제26대 고종의 아버지입니다. 흥선 대원군은 안동 김씨의 세도 정치를 피해 건달 노릇을 하는 한편, 궁궐의 조 대비와 손을 잡고 둘째 아들 명복

을 왕위에 올리기 위해 노력했어요. 1863년 고종이 왕위에 오르자 대원군이 되어 어린 임금 대신 나랏일을 맡아보았습니다. 흥선 대원군은 안으로는 왕권을 강화하고 조선 사회의 문제점을 고치기 위해 노력했습니다. 또 밖으로는 서양 세력과 일본의 침략을 막기 위해 나라의 문을 닫는 쇄국 정책을 폈어요. 그러나 왕권 강화를 위해 무리한 정책을 펴다 민심을 잃었고, 쇄국 정책은 조선의 자주적인 근대화의 길을 가로막았습니다. 흥선 대원군은 외척 세력을 견제하기 위해 민치록의 딸을 고종의 왕비로 세웠지만, 오히려 심한 갈등을 빚은 끝에 1873년 자리에서 밀려났어요. 이후 끊임없이 권력을 되찾기 위해 노력했지만 번번이 실패한 채 1898년 눈을 감았습니다.

6

대한민국

김구
金九

독립운동가, 정치가
1876년~1949년

김구는 몰락한 양반 가문의 자식으로 태어났습니다. 원래 이름은 김창수예요. 17세 때는 조선의 마지막 과거 시험에 응시했지만 낙방했습니다. 1893년에는 동학에 들어가 이듬해 벌어진 동학 농민 운동 때 해주 지역의 동학교도들을 이끌고 싸우기도 했어요. 이후 애국 계몽 운동에 참여하여 국민의 독립 의식을 높이기 위해 일하다가 몇 차례의 감옥살이를 겪었습니다. 1919년 3·1 운동이 일어난 뒤에는 중국으로 망명하여 대한민국 임시 정부에서 활동했어요. 1931년에는 한인 애국단을 만들어 이봉창, 윤봉길 의사의 의거를 이끌었지요. 1937년 일본이 중국을 침략하자 중국 정부와 함께 움직이며 항일 투쟁을 계속했습니다. 1944년 대한민국 임시 정부의 주석으로서 항일 무장 투쟁에 힘을 쏟다가 이듬해 일본의 항복으로 해방을 맞았습니다. 해방 후 귀국한 뒤에는 남북의 분단을 막고 통일 한국을 세우기 위해 노력했지만 뜻대로 되지 않았

지요. 김구는 1949년 남한만의 단독 정부를 세울 것을 주장하는 세력에 의해 암살당하고 맙니다. 1962년에는 대한민국 건국 공로 훈장이 수여되었습니다. 남긴 책으로는 『백범일지』가 있어요.

●김구

김대중
金大中

대한민국 제15대 대통령
1924년~2009년(재임 1998년~2003년)

김대중은 1961년 일어난 5·16 군사 정변 이후 대한민국의 민주주의와 인권을 지키기 위해 수십 년 동안 싸움을 멈추지 않았습니다. 이 과정에서 독재 정권에 의해 세 차례의 죽을 고비를 넘기며 감옥을 드나들었어요. 1997년 12월에 치러진 대통령 선거에 당선되어 제15대 대통령에 취임했습니다. 대통령이 된 뒤에는 남북한의 화해와 통일을 위해 '햇볕정책'을 펼쳤어요. 2000년에 민주주의와 인권, 남북통일을 위해 노력한 공로를 인정받아 한국인으로서는 최초로 노벨 평화상을 받았습니다.

김영삼
金泳三

대한민국 제14대 대통령
1927년~ (재임 1993년~1998년)

김영삼은 1954년 28살의 나이로 고향인 거제에서 국회 의원에 당선되었고, 모두 아홉 번이나 국회 의원을 지낸 것으로도 유명해요. 1961년 5·16 군사 정변이 일어나고 박정희 독재 정권이 들어서자 민주화 운동에 나섰습니다. 1987년 6·10 민주 항쟁이 일어난 뒤 그해 치러진 대통령 선거에 출마했지만 군사 정권의 후계자인 노태우 후보에게 패배했어요. 1990년에는 군사 독재 정권이 만든 민정당과 자신이 만든 통일민주당을 합쳐 민주자유당을 세웠습니다. 이 때문에 비판받기도 했지만, 1992년 열린 대통령 선거에 당선되어 14대 대통령으로 취임했습니다. 금융 실명제 실시, 하나회(전두환이 만든 군대 내 사조직) 혁파 등의 업적도 남겼지만, 임기가 끝날 무렵 잘못된 경제 정책으로 외환 위기에 몰려 IMF(국제 통화 기금) 구제 금융 요청이라는 엄청난 경제 위기를 불러들이고 말았습니다.

김일성
金日成

독립운동가, 북한의 지도자
1912년~1994년

김일성의 원래 이름은 김성주로 항일 투쟁을 하면서 김일성으로 바꿨습니다. 1920년대부터 공산주의자가 되었고, 1930년대부터는 항일 무장 투쟁을 벌였어요. 이 과정에서 일본군을 여러 차례 격파하여 이름을 높였습니다. 1941년 일제의 독립군 토벌 작전이 벌어지자 소련으로 피해 그곳에서 장교가 되었어요. 1945년 해방이 되자 소련군과 함께 북한에 들어왔고, 1948년 세워진 조선민주주의인민공화국의 수상이 되었습니다. 김일성은 소련의 지도자 스탈린, 중국의 마오쩌둥의 지원을 받아 6 · 25 전쟁을 일으켰고, 전쟁 뒤에도 북한의 최고 지도자이자 독재자로 나라를 이끌었습니다. 그는 1994년 대한민국 김영삼 대통령과의 역사적인 남북 정상 회담을 앞두고 심장마비로 사망했습니다.

●**김일성과 김정일의 동상** 평양의 만수대에 세워진 김일성 동상과 김정일 동상에 북한 주민들이 참배하고 있다.

김재규
金載圭

김재규는 1946년 육군 사관 학교에 들어가 장교가 되었습니다. 5 · 16 군사 정변이 일어난 뒤 박정희를 도와 여러 직책을 거쳤고 1973년에는 국회 의원이 되었어요. 1976년 중앙정보부의 부장이 되었지만 점차 박정희의 신뢰를 잃어 대통령 비서실장인 차지철과 갈등을 빚었습니다. 1979년 10월 26일 벌어진 술자리에서 박정희와 차지철을 총으로 살해하여 18년간 계속된 박정희의 독재 정권을 끝내는 데 큰 역할을 했습니다. 그는 1980년 군사 재판을 받고 처형되었어요.

김정일
金正日

김정일은 김일성이 무장 독립 투쟁을 벌이던 1942년 백두산의 한 비밀 기지에서 태어났다고 전해집니다. 그는 김일성에 의해 후계자로 길러져 1970년대부터 나라의 중요한 일을 맡았어요. 김정일은 1992년에 북한군의 최고 지휘자가 되었고, 1994년 김일성이 죽은 뒤에는 북한의 최고 지도자 자리에 올랐습니다. 그가 북한을 이끄는 동안 경제 위기가 닥쳐 수십만 명의 주민이 굶어 죽은 것으로 알려져 있어요. 김정일은 2000년과 2007년, 각각 대한민국의 김대중, 노무현 대통령과 정상 회담을 갖기도 했습니다. 2011년 심장 마비로 사망했습니다.

김주열
金朱烈

민주화 운동가
1943년~1960년

김주열은 1960년 이승만 정권의 3·15 부정 선거에 항의하는 시위에 나섰다가 왼쪽 눈에 최루탄을 맞아 사망했습니다. 당시 나이 17살이었지요. 그의 죽음 이후 고향인 마산에서는 부정 선거에 항의하는 격렬한 시위가 벌어졌고, 이것은 이승만 정권을 무너뜨린 4·19 혁명의 불씨가 되었습니다.

노무현
盧武鉉

대한민국 제16대 대통령, 인권 변호사, 정치가
1946년~2009년(재임 2003년~2008년)

노무현은 가난한 농민의 아들로 태어나 대학을 다니지 못하고 혼자 공부하여 판사, 변호사가 되었습니다. 군사 독재 정권 시절에는 힘없는 사람들을 위해 싸우는 인권 변호사로 활동했어요. 이후 정치에 뛰어들어 국회 의원에 당선되었고, 2002년에는 대통령 선거에서 승리해 제16대 대통령의 자리에 올랐습니다.

노태우
盧泰愚

대한민국 제13대 대통령, 군인, 정치가
1932년~(재임 1988년~1993년)

노태우는 1979년 박정희 대통령이 피살된 뒤 동료인 전두환과 함께 군사 반란을 일으켜 권력을 잡았습니다. 11, 12대 대통령을 지낸 전두환의 뒤를 이어 1988년 13대 대통령의 자리에 올랐지요. 1988년 개최된 서울 올림픽을 성공적으로 치르고 공산주의 국가들과 국교를 맺는 등 몇 가지 업적을 남겼어요. 그러나 대통령 자리에서 물러난 뒤 부정부패와 군사 반란의 혐의로 체포돼 감옥살이를 해야 했습니다.

박정희
朴正熙

대한민국 제5~9대 대통령, 군인, 정치가, 독재자
1917년~1979년(재임 1963년~1979년)

박정희는 1937년 대구 사범 학교를 졸업하고 교사를 하다가, 1942년 만주 군관 학교, 일본육군 사관 학교를 거쳐 일제의 괴뢰국인 만주국의 장교가 되었습니다. 해방이 되자 귀국하여 국군에 들어갔지요. 이후 공산주의자로 활동하다가 체포되자 동료들을 고발하여 목숨을 구했습니다. 6·25 전쟁이 터진 뒤에 소령으로 복귀했고, 1961년에는 소장으로 진급했어요. 그해 5월 16일 혼란에 빠진 나라를 구하겠다는 목표를 내세우고 군사 정변을 일으켜 권력을 잡았지요. 이때부터 부하 김재규에게 암살된 1979년 10월 26일까지 18년간 독재 정치를 펴며 대한민국을 통치했습니다. 박정희는 경제 개발에 적극적으로 나서 '한강의 기적'이라고 불린 경제 발전의 기틀을 마련했어요. 그러나 민주주의를 파괴하고 수많은 사람들을 죽이거나 감옥에 가두는 등 한국 현대사에 지울 수 없는 상처를 남겼습니다.

박종철
朴鍾哲

민주화 운동가
1964년~1987년

박종철은 부산에서 태어나 1983년 서울대학교 언어학과에 입학, 학생회
장으로 일했습니다. 그러나 1987년 1월 13일 경찰에 체포되어, 당시 수
배 중이던 선배 운동가 박종운이 있는 곳을 밝히라는 이유로 고문을 받
다가 숨졌습니다. 이 사건은 국민들의 분노를 일으켜 전국적인 민주 항
쟁(6월 민주 항쟁)이 일어나는 계기가 되었어요. 전두환 군사 정권은 국민
들의 항쟁 앞에 무릎을 꿇고 민주주의를 실현할 것을 약속했습니다.

여운형
呂運亨

독립운동가, 정치가
1886년~1947년

여운형의 호는 몽양입니다. 여운형은 처음에는 한문을 공부했지만 1900
년부터 신학문을 배우기 시작했어요. 1907년 고향인 양평에서 국채 보
상 운동에 참여했고, 교사가 되어 교육 운동에도 나섰습니다. 1914년 중
국으로 건너가 1918년 신한청년당의 지도자가 됨으로써 본격적인 독립
운동에 나섰지요. 여운형은 1919년 대한민국 임시 정부가 세워지자 외

● 여운형

무부 차장으로 활동했습니다. 1929년에는
상하이에서 일제 경찰에 체포되어 1932년까
지 약 3년간 감옥살이를 했어요. 풀려난 뒤
에는 《조선중앙일보》의 사장이 되어 손기정
선수의 일장기 말소 사건을 일으키기도 했
습니다. 1944년에는 건국 동맹, 해방 뒤에는

건국 준비 위원회를 만들어 자주적인 독립 국가를 세우기 위해 나섰어요. 1947년 통일 국가 수립을 위해 애쓰다가 남북한의 분단을 계획하던 세력에게 암살되었습니다. 여러 가지 체육 활동에 조예가 깊어 '한국 체육의 아버지'라는 별명을 가지고 있기도 합니다.

윤보선
尹潽善

대한민국 제4대 대통령
1897년~1990년(재임 1961년~1962년)

윤보선은 1912년 일본 유학을 떠나 세이소쿠 영어 학교 등을 다녔지만 2년 만에 귀국했습니다. 그는 20세 때 중국으로 건너가 임시 정부 등에서 일하며 독립운동에 참여했어요. 1930년에는 영국 유학길에 올라 에든버러 대학교를 졸업했습니다. 귀국한 뒤에는 8·15 해방이 이루어질 때까지 숨어 살다가, 해방 이후 정치계에 뛰어들어 1948년 서울시장에 임명되었고, 상공부 장관, 대한 적십자 총재 등을 지냈습니다. 그는 1952년 이승만 대통령에게 등을 돌려 야당의 정치인이 되었습니다. 4·19 혁명이 일어난 뒤에는 1961년 제4대 대통령이 되었지만 박정희의 군사정변이 일어나 1년 만에 자리에서 물러났어요. 이후 독재 정치에 반대하는 운동을 하다가 1979년 정치계에서 은퇴했습니다.

이승만
李承晚

독립운동가, 대한민국 제1~3대 대통령, 정치가, 독재자
1875년~1965년(재임 1948년~1960년)

이승만은 황해도의 몰락 양반 이경선의 외아들로 태어났습니다. 어렸을 때는 한문을 공부했지만 1894년 배재 학당에 입학하여 신학문을 배웠어요. 그는 독립 협회에 가입하여 활동하다가 정부를 무너뜨리려는 음모를 꾸몄다는 이유로 6년가량 감옥살이를 했습니다. 이후 미국에 유학하여 1910년 프린스턴 대학교에서 박사 학위를 받았지요. 이승만은 미국 동포들을 모아 독립운동을 벌여 나갔고, 상해 임시 정부가 수립되자 국무총리에 임명되었어요. 그러나 이 무렵 한국을 당분간 국제 연맹이 다스리는 나라로 만들어달라는 청원서를 미국 대통령에게 제출했습니다. 그러나 이 사실이 알려져 임시 정부에서 쫓겨납니다. 이후에도 국제 외교를 통해 독립을 호소했지만 큰 효과를 거두지는 못했지요. 이승만은 해방이 되자 귀국하여 우익 진영의 지도자로 활동했어요. 군정이 끝난 이후 남한만이라도 단독 정부를 세우자는 주장을 펴 결국 성공했습니다. 그는 1948년 대한민국 정부 수립과 함께 초대 대통령에 취임했습니다. 6 · 25 전쟁 때는 국민을 버리고 남쪽으로 도망쳤고, 이후에는 대통령 자리를 지키기 위해 독재 정치를 서슴지 않았어요. 1960년 3월 15일에 벌어진 선거에서 부통령 후보 이기붕을 당선시키기 위해 갖은 부정

선거를 저질렀습니다. 이에 항의하는 국민들은 4 · 19 혁명을 일으켰고, 이승만은 미국 하와이로 망명하게 되었습니다. 결국 그는 1965년, 하와이에서 쓸쓸하게 눈을 감았습니다.

● **이승만** 대한민국의 초대 대통령이다. 오스트리아 출신 여성 프란체스카와 결혼했으며 제2대, 제3대 대통령에 연임되었다.

이한열
李韓烈

민주화 운동가
1966년~1987년

이한열은 전라남도 화순에서 태어나 중학교 때 광주로 유학했습니다. 중학교 2학년 때 일어난 광주 민주화 운동이 학생 운동에 뛰어든 계기가 되었어요. 1986년에는 연세대학교 경영학과에 입학해 총학생회의 간부로 활동했습니다. 1987년에 서울대 학생 박종철이 고문으로 숨지자 6월 9일 교문 앞에서 시위를 벌이던 중 경찰이 쏜 최루탄에 머리를 맞았습니다. 그는 의식을 잃은 채 한 달간 병원에 누워 있다가 결국 숨지고 말았어요. 그의 장례식에는 서울에서만 백만 명이 넘는 시민들이 참여했습니다. 이한열의 죽음은 박종철 학생과 함께 전두환 군사 독재 정권을 끌어내린 6월 민주 항쟁의 불씨가 되었어요.

장면
張勉

정치가
1899년~1966년

장면은 1919년 기독 청년회 영어 학교를 졸업하고 미국으로 유학을 떠나 1925년 미국 맨해튼 카톨릭 대학을 졸업했습니다. 귀국하여 1931년 서울 동성 상업 학교 교장으로 취임했고, 1946년 정치계에 뛰어들어 1948년 제헌 국회 의원이 되었지요. 1948년에는 초대 주미 대사로 일했고 6 · 25 전쟁 때 유엔에서 미국과 연합군의 지원을 얻어내는 데 활약했습니다. 1955년에는 민주당을 만드는 일에 참여하여 이승만 대통령의 자유당과 싸웠지요. 1960년 4 · 19 혁명이 일어나고 민주당 정부가 세워지자 장면은 국무총리로 일했는데, 1961년 박정희의 군사 정변이 일어나자 수도원에 숨어 아무런 일도 하지 않았습니다. 그는 우유부단한 지도력으로 많은 비판을 받았습니다.

전두환
全斗煥

대한민국 제11, 12대 대통령. 군인, 정치가, 독재자
1931년~(재임 1980~1987년)

전두환은 1955년 육군 사관 학교를 제11기로 졸업하고 장교가 되었습니다. 5 · 16 군사 정변이 일어난 이후 정치에 뜻을 둔 군인들의 비밀 모임인 하나회를 만들어 호시탐탐 권력을 노렸습니다. 그러다가 1979년 박정희가 암살되자 12월 12일, 계엄 사령관 정승화를 체포하는 등 반란을 일으켜 권력을 잡았습니다. 1980년 5월 18일, 비상계엄을 전국에 실시했고, 이 과정에서 광주 민주화 운동이 일어나자 무수한 시민들을 학살했습니다. 같은 해 8월에 열린 엉터리 선거를 통해 11대 대통령 자리에 올랐고, 1981년에는 바뀐 헌법에 따라 선거를 치르고 다시 12대 대통령이 되었습니다. 그는 대통령 자리에 있는 동안 민주주의를 위해 싸우는 국민들을 참혹하게 짓밟았어요. 1987년 6월 민주 항쟁이 일어나자 민주주의를 실시하겠다는 약속을 한 뒤 간신히 위기를 넘겼습니다. 1997년 군사 반란과 광주 학살, 부정부패 등을 이유로 대법원에서 사형 선고를 받았지만 곧 특별 사면되어 풀려났습니다.

전태일
全泰壹

노동 운동가
1948년~1970년

전태일은 17살의 나이에 청계천의 평화 시장에서 옷 만드는 공장의 노동자로 일했습니다. 그 무렵 노동자들은 낮은 월급과 긴 시간의 노동으로 큰 고통을 받고 있었어요. 그는 이런 상황을 바꾸고 노동자도 인간답게 살 수 있는 세상을 만들기 위해 여러 가지 노력

을 계속했습니다. 그러나 아무도 그의 호소를 들어주지 않자 1970년 11월 13일 자신의 몸에 불을 붙여 스스로 목숨을 끊었지요. "우리는 기계가 아니다"라는 그의 마지막 외침은 이후 노동운동의 발전에 밑거름이 되었습니다.

진영숙

민주화 운동가
?~1960년

진영숙은 1960년 4·19 혁명 당시 한성 여자 중학교 2학년의 어린 나이로 시위에 참가했습니다. 시장에 장사하러 나간 어머니를 기다렸지만 돌아오지 않자 유서를 남겨 놓고 참가했다가 목숨을 잃었지요. 이 유서는 지금까지 전해져 민주주의를 위해 싸운 학생 운동의 용기와 정의로움을 나타내고 있습니다.

용어편

어린이를 위한 하룻밤에 읽는 한국사

선사 시대
先史時代

선사 시대는 문자로 역사를 기록하기 이전의 시대로, 문자로 기록을 남긴 시대는 역사 시대라 부릅니다. 선사 시대의 모습은 사람들이 남긴 흔적이나 도구 등을 통해 추리할 수 있는데, 이때 사용한 도구에 따라 구석기 시대, 신석기 시대, 청동기 시대로 나누어집니다.

구석기 시대
舊石器時代

단단하고 오래 쓸 수 있는 돌로 도구를 만들어 사용하던 시대를 석기 시대라 부릅니다. 구석기 시대란 그중에서도 더 원시적인 방식으로 돌을 깨뜨리거나 떼어 내어 도구를 만들어 쓰던 때를 가리키지요. 구석기 시대는 전 세계적으로는 약 2백 50만 년 전부터 시작되어 1만 년 전까지 계속되었는데, 한반도에서는 약 70만 년 전 시작된 것으로 알려져 있습니다. 이 시대 사람들은 동굴이나 바위 아래에서 무리 지어 살며 사냥과 식물 채집 등으로 생활을 이어 나갔습니다.

뗀석기
打製石器

뗀석기는 돌을 깨뜨리거나 떼어서 만든 도구를 말합니다. 주먹도끼, 긁개, 찍개 등이 대표적인데, 그중 주먹도끼는 끝부분이 날카롭고 손에 쥘

●**주먹도끼** 구석기 시대 대표적인 뗀석기로 사냥하거나 짐승의 가죽을 벗기고, 땅을 파는 등 여러 용도로 활용했다.

수 있어서 사냥과 동물의 가죽 벗기기 등 여러 가지 용도로 사용되었습니다. 우리나라 경기도 연천 전곡리에서도 뗀석기가 발견되었지요.

신석기 시대
新石器時代

신석기 시대는 새로운 석기 시대라는 뜻을 가진 말입니다. 뗀석기를 사용한 구석기에 이어, 간석기를 사용한 시대를 말하지요. 간석기란 돌을 갈고 다듬어서 만든 도구를 가리키는데, 보다 세밀하고 정교한 모습을 띠고 있습니다. 신석기 시대는 기원전 1만 년 전부터 기원전 3천 년 무렵까지 계속되었습니다. 우리나라에서는 기원전 8천 년 무렵부터 시작되었다고 알려져 있는데요, 이 무렵 사람들은 농사를 짓고 짐승을 기르며 한곳에 머물러 살기 시작했습니다. 이로써 사회와 인류의 문화가 크게 발달하게 되었지요.

간석기
磨製石器

대표적인 간석기로는 돌보습, 돌괭이, 돌그물추, 가락바퀴, 갈판과 갈돌 등이 있습니다. 돌보습은 땅을 파거나 가는 데 사용했고, 돌괭이는 땅을 고르는 데 사용했지요. 돌그물추는 그물 끝에 매달아 고기를 잡는 데 이용했던 도구이고. 가락바퀴는 실을 꼬아 옷감을 만드는 일에 사용했습니다. 갈판과 갈돌은 곡물의 껍질을 벗기고 가루를 만드는 데 이용했지요.

● **가락바퀴** 섬유를 꼬아 실을 만드는 기구이다.

117

빗살무늬 토기
櫛文土器

신석기 시대 사람들은 토기를 만들어 음식을 조리하고 음식을 저장했습니다. 이 중 빗살무늬 토기는 우리나라의 신석기 시대를 대표하는 토기입니다. 빗살 같은 줄무늬가 몸통에 새겨져 있어서 빗살무늬라는 이름이 붙었답니다.

● 빗살무늬 토기(즐문 토기) 신석기 시대 대표적인 토기로, 식량을 저장하는 데 사용했다.

청동기 시대
青銅器時代

청동이란 구리에 아연이나 주석 등을 섞어 만든 금속을 말하는데, 이것을 재료로 도구를 만들어 쓰던 시대를 청동기 시대라고 부릅니다. 기원전 3천 년~기원전 3백 년 무렵까지 계속되었지요. 이 무렵에는 벼농사를 비롯한 농사 기술이 발달했고, 인구도 크게 늘었습니다. 거두어들인 곡식이 많아지자 부자와 가난한 사람이 나타났고, 지배하는 사람과 지배

받는 사람이 있는 계급사회의 출현으로 이어졌습니다. 이때 군장이라 불리는 최고 지배자가 마을을 이끌었는데, 이것은 최초의 국가가 탄생하는 밑바탕이 되었답니다.

반달 돌칼
半月形石刀

반달 돌칼은 반달 모양의 돌로 만든 농사 도구입니다. 뚫려 있는 두 개의 구멍에 줄을 꿰어 손에 쥐고서 곡식의 이삭을 거두는 데 사용되었지요. 청동기는 재료를 구하기 힘들고 만들기 어려웠기 때문에 청동기 시대에도 여전히 반달 돌칼과 같은 석기가 많이 쓰였어요.

청동 거울
靑銅鏡

청동 거울은 사람의 꾸밈을 살펴보는 일보다는 하늘에 제사 지내는 도구로 이용되던 거울입니다. 청동판의 겉면을 잘 다듬고 문질러서 물건을 비추게 하고 뒷면에는 여러 가지 무늬로 장식했습니다.

비파형 동검
琵琶形銅劍

비파형 동검은 청동으로 만든 칼로 우리나라 청동기 시대의 대표적인 유물 가운데 하나입니다. 동양에서 많이 쓰이던 현악기인 비파를 닮았다고 해서 비파형 동검이라는 이름이 붙었지요. 칼의 몸통과 자루를 따로 만든 뒤, 둘을 끼워서 쓰는 형태를 가지고 있습니다. 고조선의 영역 안에서 주로 발견됩니다.

●**비파형 동검** 신석기 시대 대표적인 토기로, 식량을 저장하는 데 사용했다.

고인돌

고인돌은 청동기 시대 지위가 높은 사람들의 대표적인 무덤 형태로, 괴어 있는 돌이라는 우리말에서 나왔습니다. 기둥돌과 덮개돌로 나뉘는데, 어떤 것은 덮개돌의 무게가 수십 톤에 이르기도 한답니다. 이를 통해 고인돌을 만드는 데 많은 사람들이 동원되었으며, 지배자의 권위도 강했다는 사실을 알 수 있지요. 고인돌은 탁자 모양이나 바둑판 모양이 있고 고창, 화순, 강화도 지역의 고인돌이 유명합니다.

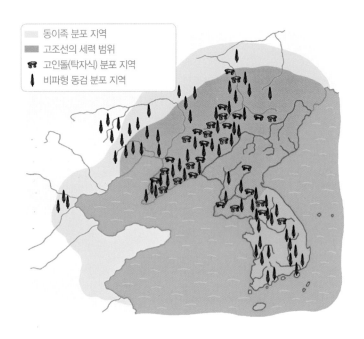

동이족 분포 지역
고조선의 세력 범위
고인돌(탁자식) 분포 지역
비파형 동검 분포 지역

고조선
古朝鮮

고조선은 기원전 2333년 단군왕검이 건국한 우리 민족 최초의 나라입니다. 청동기 문화를 바탕으로 이룩되었지요. 원래 이름은 조선이었지만, 중국에서 온 위만이 왕이 된 뒤의 위만 조선과 구별하기 위해 옛 고(古) 자를 붙여 고조선이라고 부르게 되었습니다. 단군왕검에 의해 아사달에 세워졌으며, 한반도 북쪽과 중국 동북쪽 지역에 걸쳐 자리 잡고 있었지요. 고조선은 기원전 108년 중국 한나라의 침략을 받아 멸망했습니다.

홍익인간
弘益人間

홍익인간은 고조선의 건국 정신을 가리키는 말입니다. 널리 사람을 이롭게 한다는 뜻을 가지고 있습니다. 단군 이래 우리나라의 정치와 교육은 모두 홍익인간의 정신을 이념으로 삼고 있지요.

미송리식
토기
美松里式土器

미송리식 토기는 1959년 평안북도 의주군 미송리 동굴 유적에서 발견된 무늬 없는 토기입니다. 미송리에서 발견되었다 해서 이름이 붙여졌지요. 비파형 동검, 고인돌과 함께 고조선을 대표하는 유물입니다.

8조법
八條法

8조법은 고조선에서 시행되었던 여덟 개의 법입니다. 범금 8조라고도 불리지요. 지금은 아래 3개 조항만 전해집니다.

❋ 사람을 죽인 자는 사형에 처한다.

❋ 남을 다치게 한 자는 곡식으로 갚는다.

❋ 도둑질을 한 자는 데려다 노비로 삼는다. 만약 노비가 되지 않으려면 많은 돈을 내야 한다.

이를 통해 고조선은 개인의 생명과 재산을 보호하고, 신분의 차이도 엄격했던 사회였음을 알 수 있습니다.

철기 시대
鐵器時代

철기 시대는 철을 재료로 도구를 만들어 사용하던 시대입니다. 철은 원료를 구하기는 쉽지만 매우 높은 온도에서 녹기 때문에 도구로 만들기 위해서는 보다 발달된 기술이 필요했지요. 따라서 청동보다 늦게 사용되었습니다. 그러나 철기는 청동기보다 훨씬 단단해서 더 날카롭고 단단한 농기구와 전쟁 무기를 만드는 데 유리했습니다. 철기 사용으로 농작물의 수확량이 크게 늘었지만, 전쟁의 모습 역시 참혹하게 바뀌었습니다.

부여
夫餘

부여는 기원전 2세기 무렵 만주 지역(지금의 중국 동북 지방)에 세워졌던 우리 민족의 나라로, 시조는 동명왕입니다. 드넓은 평야 지대에 자리 잡아 농업과 목축이 발달했지요. 흰색을 숭상하여 흰옷을 즐겨 입었고 매년 12월에는 영고라는 축제를 열었습니다. 이때 하늘에 제사를 지내고 죄수를 석방하는 한편, 백성들은 밤낮으로 술 마시며 춤을 추고 놀았다고 합니다. 부여는 서기 285년 선비족의 침입을 받아 국력이 쇠퇴했고, 494년에는 물길의 침략으로 나라가 위태롭게 되자 고구려에 항복했습니다.

옥저
沃沮

옥저는 함경남도 북쪽에서부터 두만강까지 해안 지대에 세워진 우리 민족의 옛 나라입니다. 고구려와 같은 계통의 종족으로 말과 의복, 풍습이 비슷했다고 전해지지요. 옥저에는 여자아이를 신랑 집에 데려와 키우다가 어른이 되면 혼례를 치르는 민며느리 풍습이 있었습니다. 왕이 없었고 족장들도 뚜렷한 힘을 보이지 못하는 등 고대 국가로 발전하지 못했지요. 옥저는 일찍부터 고구려의 지배를 받다가 결국 사라지고 말았습니다.

동예
東濊

동예는 함경남도 남쪽에서부터 강원도 북부 해안 지역에 걸쳐 있었던 옛 나라입니다. 고구려, 옥저와 같은 계통의 종족으로 말과 풍습이 비슷했지만 의복이 조금 달랐다고 합니다. 동예의 마을은 산과 하천을 경계로 엄격하게 나뉘어 있었는데, 만약 함부로 다른 마을에 들어가면 노예나 가축으로 죄를 갚아야 했습니다. 동예는

5세기 이후 고구려, 신라의 지배를 받게 되어 결국 두 나라로 흡수되고 말았습니다.

삼한
三韓

삼한이란 한반도의 중남부 지방에 있던 마한, 진한, 변한을 합쳐서 부르는 말입니다. 정확한 위치가 알려져 있지는 않지만, 마한은 경기도, 충청도, 전라도 지역, 진한은 경상도의 낙동강 동쪽, 변한은 낙동강 서쪽에 자리 잡고 있었습니다. 마한은 54개의 나라로 나뉘어 있다가 점차 백제로 통합되었지요. 진한은 12개의 나라로 나뉘었다가 사로국에 의해 통합되기 시작했는데, 사로국은 나중에 신라가 되었습니다. 변한 역시 10여 개의 나라로 나뉘어 있다가 점차 가야 연맹으로 발전했답니다.

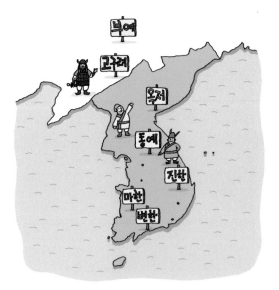

용어편

2

삼국의 발전과 남북국 시대의 탄생

고구려
高句麗

고구려는 부여 왕실에서 갈라져 나온 주몽이 압록강가의 졸본에 세운 나라입니다. 기원전 37년부터 서기 668년까지 계속되었습니다. 처음에는 5개의 부족이 연합한 형태였지만, 1세기 태조왕 때부터 왕을 중심으로 한 고대 국가의 모습을 갖추어 갔답니다. 삼국 중 가장 넓은 영토를 가졌지만, 땅이 척박해 사냥과 약탈로 나라를 꾸려 갔지요. 중국과 북쪽의 유목민과 가까운 위치 때문에 많은 침략을 받기도 했어요. 하지만 강인한 정신력과 군사력으로 이를 물리쳤답니다. 그러나 6세기 말부터 수와 당나라의 계속된 침공에 시달렸고, 결국 668년 신라와 당나라 연합군에 의해 멸망당했습니다.

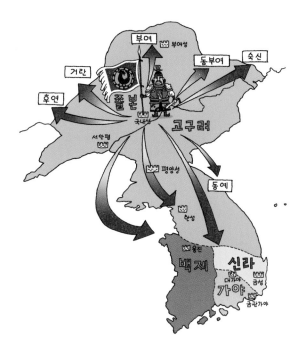

●5세기 무렵 고구려의 영토 확장

백제
百濟

백제는 기원전 18년 고구려 시조 주몽의 아들인 온조가 한강 유역에 세운 나라입니다. 3세기 초 고이왕 때 큰 발전을 이루어 4세기 중반 근초고왕 때 전성기를 누렸어요. 이때 남쪽으로는 전라남도 해안 지방까지 정복하고 북으로는 고구려를 공격하여 고국원왕을 전사시키기도 했습니다. 중국의 요서 지방과 산둥 반도에도 진출하고 일본과도 활발하게 교류하는 등 전성기를 누렸지요. 하지만, 5세기에는 고구려의 반격을 받아 웅진(지금의 공주)으로 도읍을 옮겼다가, 다시 사비(지금의 부여)로 옮기는 등 어려움을 겪었습니다. 서기 660년 신라와 당나라 연합군에게 멸망당했습니다.

신라
新羅

신라는 기원전 57년 박혁거세가 경주 지역에 세운 나라입니다. 처음에는 사로, 서라벌 등으로 불렸다가 지증왕 때 신라라고 부르게 되었지요. 처음에는 고구려, 백제의 세력에 눌려 큰 어려움을 겪었지만 6세기 들어 큰 발전을 하게 되었습니다. 진흥왕 때부터 활발한 정복 전쟁을 벌여 영토를 크게 넓혔고, 이후 당나라와 손을 잡고 삼국을 통일하게 되었습니다.

가야
伽倻

가야는 하나의 나라가 아니라 낙동강 하류 지역에 있던 십여 개의 나라를 합쳐 부르는 말입니다. 5세기 초까지는 김해의 금관가야가 중심이었지만, 그 뒤로는 고령의 대가야가 여러 나라를 이끌었습니다. 철이 많이 생산되어 고구려, 백제, 신라는 물론 멀리 중국과 일본에까지 이름이 알려졌지요. 그러나 하나의 왕국으로 발전하지 못하고 신라와 백제 사이에 껴서 고통을 겪었답니다. 그러다 결국 532년 법흥왕에게 금관가야가, 562년에는 진흥왕에게 고령의 대가야가 정복되었습니다. 그리고 가야의 나머지 나라들도 점차 신라에 흡수되었습니다.

진대법
賑貸法

진대법은 고구려 시대에 가난한 농민들을 돕기 위해 만든 법입니다. 흉년이 들거나 곡식이 부족한 3~7월에 먹을 양식을 빌려주고 추수가 끝난 가을에 갚도록 했던 것을 말하지요. 서기 194년 고국천왕이 명재상 을파소의 건의에 따라 실시했습니다.

불교 전래
佛敎

삼국 중 가장 먼저 불교를 받아들인 것은 고구려입니다. 서기 372년(소수림왕 2년) 중국 전진이라는 나라의 왕 부견이 승려 순도를 보내 불경과 불상을 전해주었습니다.

백제에서는 서기 384년(침류왕 1년) 인도의 승려 마라난타가 중국으로부터 들어와 불교를 전해주었지요. 백제의 불교는 일본으로 건너가 일본 불교의 뿌리를 이루었답니다.

신라에서는 눌지왕 때 고구려 승려 묵호자가 불교를 전해주었지만 귀족들의 반대로 인정받지 못했어요. 그러다가 서기 527년(법흥왕 14년), 이

●**이차돈 순교비** 불교를 제창하다 순교한 이차돈을 기념하기 위해 세운 비석이다.

차돈의 순교(신앙을 위해 목숨을 잃음)를 계기로 국가의 종교로 인정받게 되었답니다.

광개토
대왕릉비
廣開土大王陵碑

광개토 대왕릉비는 고구려의 정복왕인 광개토 대왕의 업적을 기리기 위해 아들인 장수왕이 세운 비석입니다. 높이 6미터가 넘는 비석으로, 고구려의 도읍이었던 중국 지린 성 지안 현에 있지요. 비석의 주요 내용은 주몽의 고구려 건국과 광개토 대왕의 업적 등입니다. 고구려는 물론 삼국의 역사를 이해하는 데 큰 역할을 하고 있어요.

무령왕릉
武寧王陵

무령왕릉은 백제 제25대 왕 무령왕과 왕비의 무덤입니다. 백제의 두 번째 도읍지인 충청남도 공주에 있습니다. 1971년 백제의 다른 무덤에 대한 발굴을 하는 과정에서 우연히 발견되었지요. 왕이 동쪽, 왕비가 서쪽에 누워 있고, 금동 신발, 은으로 만든 허리띠, 금 팔찌, 거울 등 4천 6백여 점의 유물이 발견되었습니다. 모두가 백제의 세련되고 화려한 문화를 잘 드러내고 있는 유물들입니다.

백제 금동 대향로
百濟金銅大香爐

백제 금동 대향로는 향을 피우는 데 쓰이는 작은 화로입니다. 부여 능산리에 있는 백제 시대 절터에서 발견되었지요. 향로의 뚜껑에는 음악을 연주하는 악공들과 16명의 인물상, 봉황과 용을 비롯한 여러 동물들, 자연 풍경이 표현되어 있으며, 향로의 몸체는 연꽃을 상징합니다. 백제 금동 대향로는 화려하고 세련된 백제 예술을 대표하는 걸작 중 하나입니다.

●**백제 금동 대향로** 백제의 종교, 미술, 문화 등을 알 수 있는 귀중한 작품이다.

화랑도
花郞徒

화랑도는 신라 진흥왕 때 만들어진 일종의 청소년 수련 단체입니다. 꽃처럼 아름다운 남자라는 뜻을 가진 화랑은 이 단체의 우두머리로 수많은 낭도들을 거느렸답니다. 많은 인재를 길러내 신라의 발전과 삼국 통일에 크게 이바지했어요.

천마도
天馬圖

천마도는 천마총이라 불리는 신라 시대 무덤에서 발견된 천마(하늘을 나는 말)를 그린 그림입니다. 말의 안장 양쪽에 늘어뜨리는 장니에 그린 것으로, 여러 겹 겹친 자작나무 껍질 위에 다시 고운 껍질을 입혀 그렸습니다. 유일하게 남은 신라 시대 그림으로 5~6세기 무렵 그려진 것으로 알려져 있습니다.

●천마도

첨성대
瞻星臺

첨성대는 경주시 반월성 동북쪽에 세워진 동양에서 가장 오래된 천문대입니다. 선덕여왕 때 세워진 것으로서 하늘의 움직임을 관측하던 시설이지요. 이를 통해 자연재해나 나라의 길흉화복(행복한 일과 불행한 일) 등을 점쳤다고 여겨집니다.

가야금
伽倻琴

가야금은 가야에서 만들어 연주되던 12줄의 전통 현악기입니다. 『삼국사기』에는 가야의 가실왕이 만들었다고 나오지요. 가야가 멸망할 때 신라로 망명한 우륵에 의해 보다 널리 알려진 악기입니다. 일본에도 전해져 신라금이라는 이름으로 불렸지요. 오동나무와 밤나무 등을 이용해 몸통을 만들고 명주실을 여러 겹 꼬아 줄을 만듭니다.

살수대첩
薩水大捷

살수대첩은 612년 중국 수나라의 침략에 맞서 고구려 을지문덕 장군이 큰 승리를 거둔 전쟁입니다. 수나라의 양제는 백만 명의 병사들을 보내 고구려를 침략했지만, 살수(지금의 청천강)에서 고구려군에게 전멸당해 겨우 2천 7백여 명만 살아서 돌아갔습니다. 결국 동북아시아의 강대국인 고구려를 꺾으려던 수나라의 계획은 실패로 돌아가고, 전쟁에서 참패하여 오히려 자신들이 멸망하고 말았습니다.

안시성 전투
安市城戰鬪

안시성 전투는 644년 고구려와 당나라가 안시성에서 벌인 싸움을 말합니다. 안시성은 지금의 중국 요동 지방에 있던 성입니다. 고구려군은 3개월에 걸친 당나라의 끈질긴 공격을 물리쳐 나라를 지켜 냈지요. 이때 당나라 군사들은 거대한 흙산을 쌓아 안시성을 공격하려 했지만 오히려 고구려군이 이 흙산을 차지하여 당군에게 큰 피해를 입혔답니다. 그 사이 겨울이 찾아오자 당나라 군사들은 추위와 양식의 부족으로 결국 후퇴할 수밖에 없었지요. 이때 안시성을 지킨 장수는 양만춘이라고 전해지는데, 당 태종은 후퇴하면서 그의 용기를 칭찬하여 비단 백 필을 선물했다고 해요.

나당 연합
羅唐聯合

나당 연합은 7세기 중반 고구려, 백제를 멸망시키기 위해 신라와 당나라 사이에 맺어진 동맹입니다. 진덕여왕 때 두 나라는 함께 고구려, 백제를 멸망시키고, 대동강 북쪽은 당나라가, 남쪽은 신라가 차지하기로 약속을 맺었어요.

매소성 전투
買肖城戰鬪

매소성 전투는 고구려, 백제 멸망 뒤 당나라가 한반도 전체를 차지하려 하자 이에 맞선 신라가 매소성(지금의 경기도 연천 지방)에서 벌인 전투입니다. 676년 당나라 장수 이근행이 20만 명의 병사를 이끌고 매소성을 점령하자, 신라가 이를 공격하여 큰 승리를 거두었어요. 이렇게 하여 신라는 당나라를 몰아내고 삼국 통일을 완성했습니다.

기벌포 해전
伎伐浦海戰

기벌포 해전은 676년 신라 해군이 기벌포(지금의 금강 하구)에서 당나라 해군을 크게 무찌른 전투입니다. 매소성에서 도망친 당나라 군사들이 기벌포에 모이자 신라 해군은 22차례나 치열한 전투를 치러 승리를 거두었습니다. 매소성과 이 전투에서의 승리로 당나라 병사들은 한반도에서 완전히 물러나게 되었어요.

백제 부흥 운동
百濟復興運動

백제 부흥 운동은 백제인들이 백제가 멸망한 뒤 나라를 되살리기 위해 벌인 운동입니다. 의자왕이 당나라로 끌려가자, 의자왕의 사촌 동생인 복신과 승려 도침, 장수 흑치상지 등은 병사들을 모아 당나라와 신라군에 맞서 싸웠습니다. 일본에 있던 왕자 부여풍도 일본 병사들을 데리고 바다를 건너와 이들과 함께 싸움에 나섰지요. 그러나 이들은 663년 백강구 전투에서 크게 패해 무너지고 말았고, 부여풍은 고구려로 도망쳤습니다.

고구려 부흥 운동
高句麗復興運動

고구려 부흥 운동은 고구려인들이 고구려가 멸망한 뒤 나라를 다시 세우기 위해 벌인 운동입니다. 이 운동을 이끌었던 대표적인 인물은 고구려의 장군 검모잠과 왕족 안승이며, 이들은 궁모성에서 병사들을 일으켜 당나라와 싸웠습니다. 그러나 671년 안시성에서 큰 패배를 당한 뒤 기세가 꺾여 결국 실패하고 말았지요. 부흥 운동에 나섰던 고구려 사람들은 대부분 신라로 옮겨갔고, 안승 역시 신라 귀족이 되어 살았습니다.

발해
渤海

발해는 698년 고구려 유민들이 말갈족과 힘을 합쳐 동만주 지역에 세운 나라로, 건국 시조는 대조영입니다. 고구려 멸망 뒤 당나라에 끌려갔던 대조영은 거란족이 반란을 일으킨 틈을 타 고구려 유민

● 발해의 영토

과 말갈족을 이끌고 동쪽으로 나아가 발해를 건국했습니다. 발해는 818년 선왕이 왕위에 오른 뒤 영토를 크게 넓히고 문화도 발전시켜 해동성국(동쪽의 융성한 나라)이라는 이름으로 불리었습니다. 926년 1월 거란족이 침입해 멸망하고 말았는데, 그 뒤 2백여 년 동안 많은 발해 유민들이 고려에 옮겨와 살았습니다.

골품제
骨品制

골품제는 삼국 통일 이전부터 있었던 신라의 신분 제도입니다. 왕족을 대상으로 하는 골제와 그 밖의 사람들에게 적용되는 두품제가 합쳐져 골품제가 되었습니다. 또 골은 성골과 진골로 나뉘고 두품은 1두품에서 6두품까지 있었습니다. 같은 왕족 중에서도 성골은 왕이 될 수 있었지만 진골은 그렇지 못했지요. 그러나 나중에 성골이 모두 사라지자, 진골도 왕위에 오르게 되었습니다. 4~6두품은 벼슬길에 오를 수 있는 신분이었지만 1~3두품은 일반 백성과 같은 처지로서 벼슬길에 나가지 못했

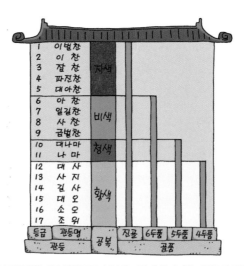

●신라의 골품제와 관등표로, 신분에 따라 오를 수 있는 관직이 달랐다.

습니다. 신라 사회는 골품에 따라 벼슬을 비롯하여 집, 옷의 종류 등 모든 것이 차이가 나는 엄격한 신분 사회였습니다.

불국사
佛國寺

불국사는 경주 토함산에 지어진 통일 신라 시대의 절입니다. 751년(경덕왕 10년)에 재상 김대성이 짓기 시작하여 774년(혜공왕 10년)에 완성되었습니다. 임진왜란 때 일본군이 불태워 극락전, 자하문 등 건물 일부만 남았습니다. 전쟁 후 40여 차례 복원 공사를 했고 1973년 지금의 모습을 갖추었습니다. 대웅전 앞에 있는 다보탑과 석가탑이 특히 유명하지요. 불국이란 부처님의 나라라는 뜻으로 이 절은 우리나라의 불교를 대표하는 걸작입니다. 1995년 석굴암과 함께 세계 문화유산으로 지정되었습니다.

●불국사

석굴암
石窟庵

석굴암은 『삼국유사』에 따르면 통일 신라 때 재상 김대성이 신라 왕실의 뜻을 모아 지은 절입니다. 경주 토함산에 석굴 모양으로 지어져 있지요. 3백 개의 돌을 짜 맞추어 지은 인공 석굴로 가운데에 본존불(으뜸가는 부처님)이 모셔져 있고 주위에는 다른 불상이 새겨져 있답니다. 다른 나라에서는 찾아볼 수 없는 인공 석굴 형태로서 빼어난 아름다움과 가치를 지닌 불교 예술의 걸작입니다.

무구정광 대다라니경
無垢淨光 大陀羅尼經

무구정광대다라니경은 통일신라 때 목판(나무로 된 활자)으로 인쇄된 불경입니다. 무구정광이란 티 없이 순수하고 깨끗한 빛, 다라니경은 비밀스러운 주문이라는 뜻이지요. 1966년 석가탑 수리 공사를 벌이던 중 2층탑에서 다른 유물과 함께 발견되었습니다. 751년경 인쇄된 것으로 세계 최초의 목판 인쇄물로 인정받고 있습니다.

정효 공주 묘
貞孝公主墓

정효 공주는 발해 제3대 왕인 문왕의 넷째 딸로 792년 36살의 나이로 죽었답니다. 지린성 허룽현 룽터우산에 있는 정효 공주의 묘는 벽돌로 무덤 벽을 쌓는 당나라 양식을 따르지만, 돌로 무덤의 천장을 쌓는 고구려 양식도 섞여 있어서 발해가 고구려 전통을 계승하고 있음을 보여줍니다. 또 무덤 벽에는 무사, 내시, 악공 등 평소에 공주를 시중들던 사람들을 그린 벽화가 남아 있습니다. 이를 통해 발해인들의 생활 모습을 짐작할 수 있게 되었습니다.

청해진
清海鎭

청해진은 통일 신라 시대인 828년(흥덕왕 3년) 장보고에 의해 지금의 완도에 설치되어 851년까지 있었던 바다의 군사 기지이자 무역 기지입니다. 당나라에서 살다가 귀국한 장보고가 신라인들을 괴롭히던 당 해적들을 물리치기 위해 만들었답니다. 그 뒤 당나라와 일본을 잇는 국제 무역의 중심지로 번영을 누렸어요. 그러나 청해진은 경주의 왕위 계승 싸움에 휘말린 장보고가 암살당한 뒤 함께 무너졌습니다.

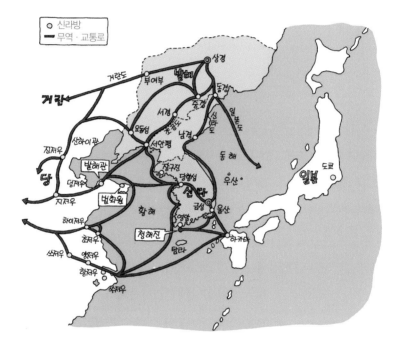

호족
豪族

호족은 신라 말기와 고려 초기에 있었던 지방의 큰 세력을 말합니다. 대대로 지방에서 뿌리를 내리고 살며 경제적 부유함과 군사적인 힘을 갖게 된 가문을 가리킵니다. 이들은 신라 말기의 혼란을 틈타 더욱 힘을 길러 새로운 시대의 주인공이 되었답니다.

후백제
後百濟

후백제는 후삼국 가운데 하나입니다. 900년 견훤이 완산주(지금의 전라북도 전주)에 세웠지요. 옛 백제 땅에서 일어나 후백제라는 이름을 갖게 되었습니다. 지금의 전라남북도와 충청북도의 대부분을 차지하고 중국, 일본, 거란과 외교 활동을 벌이는 등 후삼국 중 가장 앞선 국력을 자랑했습니다. 그러나 견훤과 신검 등 그 아들들이 왕위 다툼을 벌여 나라의 힘이 크게 기울고 말았습니다. 결국 견훤이 고려에 항복하고 신검은 936년 고려군과의 전쟁에서 패배해 멸망하고 말았어요. 통일 신라 말기에 후백제, 후고구려, 신라로 나뉘어 서로 경쟁하던 시대를 후삼국 시대라고 부른답니다.

후고구려
後高句麗

후고구려는 후삼국 가운데 하나입니다. 901년 궁예가 송악(지금의 개성)을 도읍지로 삼아 나라를 세웠지요. 강원도, 경기도, 황해도를 영토로 삼았고 고구려를 계승한다는 뜻에서 후고구려라고 나라 이름을 지었는데, 뒤에 나라 이름을 마진, 태봉으로 바꾸기도 했습니다. 한때는 후삼국 가운데 가장 강한 나라였지만 궁예가 포악한 정치를 펼쳐 왕건에게 쫓겨난 뒤 멸망하고 말았습니다.

3

세계 속의 코리아, 고려 시대

고려
高麗

고려는 궁예의 부하 장수로 활약하던 왕건이 궁예를 내쫓고 918년에 세운 나라입니다. 고구려를 계승한다는 뜻에서 나라 이름을 고려로 정하고, 자기 가문이 대대로 자리 잡고 있던 송악(지금의 개성)에 도읍을 정했습니다. 후삼국을 통일하고 멸망한 발해의 유민들을 받아들여, 진정한 민족의 통일을 이룩했습니다. 이후 약 5백 년 동안 계속되다가 1392년 이성계에게 멸망당했습니다.

과거 제도
科擧制度

과거 제도란 시험을 통해 나라의 관리를 뽑는 제도를 말합니다. 우리나라의 과거는 고려 광종 때 중국에서 귀화한 쌍기의 건의에 의해 처음으로 실시되었지요. 광종이 과거 제도를 실시한 이유는 노비안검법과 마찬가지로 왕권을 강화하기 위한 것이었습니다. 호족의 자식들이 힘들이지 않고 벼슬길에 오르는 것을 막고, 유학을 공부한 인재들을 공정하게 선발하여 왕에게 충성하는 세력으로 키우려는 것이었습니다.

노비안검법
奴婢按檢法

노비안검법은 고려 광종 때 원래 일반 백성이었다가 여러 가지 이유로 노비가 된 사람들을 해방시켜 주었던 법률입니다. 고려 초기 호족들의 힘은 이들 노비로부터 나오고 있었는데, 이 법은 노비를 해방시킴으로써 호족의 힘을 꺾고 왕권을 강화하기 위한 것이었습니다.

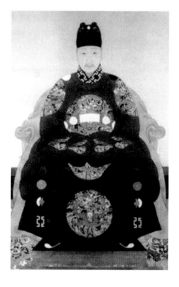

● 광종(925년~975년) 고려의 제4대 왕으로 노비안검법과 과거제도를 통해 호족 세력을 억눌러 왕권 강화를 꾀했다.

시무 28조
時務二十八條

시무 28조란 때에 맞춰 힘써야 할 28가지 조항의 일이라는 뜻입니다. 928년 고려 문신 최승로가 성종에게 올린 글로, 지금은 22개 조만 전해집니다. 나라의 국방을 더욱 튼튼히 하고, 임금은 신하를 예의로써 대하며, 지방의 중요한 지역에 관리를 보내 잘 다스리도록 하는 등 나라에 꼭 필요한 일들을 건의했습니다. 이 건의는 대부분 받아들여져 고려의 발전에 많은 역할을 했습니다.

문벌 귀족
門閥貴族

문벌이란 나라에 공을 세운 집안이라는 뜻을 가지고 있습니다. 고려를 건국할 때 공을 세운 지방의 호족과 공신들인 이들은 대대로 벼슬을 차지하여 문벌 귀족이 되었지요. 고려 초기의 지배 계층이었지만, 점차 토지와 노비, 벼슬을 독차지하여 고려 사회를 위기에 빠뜨렸습니다.

묘청의 난
妙淸亂

묘청의 난은 1135년 승려 묘청이 서경에서 일으킨 반란입니다. 이 무렵 고려는 지배층 안에서 다툼이 일어나 개경을 중심으로 하는 문벌 귀족과 지방에서 힘을 기른 새로운 세력이 대립했어요. 묘청 등을 중심으로 한 새로운 세력은 개경이 땅이 기운을 다했으니 서경으로 도읍을 옮겨 나라를 개혁해야 한다고 주장했습니다. 그러나 개경 출신의 귀족 세력이 심하게 반대하자 묘청은 조광, 유참 등과 함께 반란을 일으켰습니다. 고려 조정은 김부식을 보내 1년 만에 반란군을 꺾었고, 묘청은 부하들에게 살해당했습니다.

무신난
武臣亂

무신난은 고려 중기에 무신들이 일으킨 난리로, 무신정변이라고도 불립니다. 1170년 의종이 개성에 있는 절인 보현원에 갔을 때 정중부, 이고, 이의방 등 당시 문신들에 비해 차별 대우를 받던 무신들이 일으켰습니다. 이들은 문벌 귀족 출신인 문신들을 죽이고 의종까지 내쫓은 뒤 명종

을 새로운 왕으로 내세웠습니다. 그러나 이들도 권력을 손에 넣은 뒤에는 사회를 개혁하는 일보다 자신들의 욕심을 채우는 일에 바빴고, 당시 고려 사회가 맞이한 위기는 계속될 수밖에 없었습니다.

망이·망소이의 난
亡伊亡所伊-亂

1176년 공주 명학소의 망이, 망소이가 천민에 대한 차별을 없앨 것을 주장하며 일으킨 반란입니다. 소(所)란 고려의 특수 행정 구역 중 하나로 나라에 바칠 여러 가지 물품을 만드는 사람들이 모여 사는 곳이었죠. 이곳의 백성들은 자유롭게 이사를 갈 수도 없고, 많은 세금을 바쳐야 하는 등 큰 차별을 받았습니다. 망이, 망소이는 이 같은 차별에 반대하며 반란을 일으켜 큰 기세를 떨쳤지만, 1177년 조정에 진압되고 말았습니다.

만적의 난
萬積-亂

만적의 난은 1198년 만적 등이 중심이 되어 천민들의 해방을 위해 일으킨 반란입니다. 만적은 무신 정권의 지도자 최충헌의 노비였죠. 그는 개경의 북산에서 나무를 하다가 다른 노비들을 만나 반란을 함께 하기로 계획했습니다. 하지만 도중에 순정이라는 노비가 배신을 하여 가담했던 노비 백여 명이 체포되고 모두가 처형당하고 말았습니다. 비록 실패로 끝났지만 만적의 난은 고려의 신분제 사회를 뒤흔든 큰 사건이었습니다.

벽란도
碧瀾渡

벽란도는 경기도 개풍군 서면과 황해도 연백군 사이를 흐르는 예성강의 한 나루터입니다. 예성강 하류에 자리 잡은 항구로 개경의 입구였지요. 이곳은 송나라, 일본, 거란, 여진은 물론 동남아시아, 서역 상인들까지 출입하며 고려 시대 국제 무역 항구의 역할을 했습니다.

강동6주
江東六州

강동6주는 압록강 남쪽의 흥화(지금의 의주 동쪽), 용주(지금의 용천), 통주(지금의 선천 서북쪽), 철주(지금의 철산), 구주(지금의 구성), 곽주(지금의 곽산)를 가리키는 말입니다. 993년 거란의 1차 침공 때 서희가 거란 장수 소손녕과 담판을 지어 고려의 영토로 삼게 되었지요. 고려는 이곳에 살던 여진족을 몰아내고 성을 쌓아 북방 기지로 만들었습니다.

거란족
契丹族

거란족은 4세기 이후 동몽고에 살았던 유목 민족입니다. 원래 여덟 개의 부족으로 나뉘어 있었지만 야율아보기라는 사람이 부족들을 통일하여 916년 요나라를 건국했습니다. 거란족은 발해를 멸망시키고 한때는 송나라를 위협하기도 했지만, 고려 침공에 실패하고 왕실 안에서 반란이 일어나는 등 국력이 쇠퇴하여 1125년에 멸망하고 말았습니다.

여진족
女眞族

여진족은 만주 동쪽 지역부터 함경도 북쪽 지역에까지 살던 부족으로 물길, 말갈, 만주족이라고도 불립니다. 한때는 고려에게 조공을 바치고 무역을 하기도 했지만 11세기 말부터는 힘을 길러 고려에 도전하기 시작했습니다. 고려 조정은 윤관에게 17만 명의 군사를 주어 여진족을 공격해 함경도 지역에 9개의 성(동북 9성)을 쌓았다가, 나중에 다시 여진족에게 돌려준 일도 있었지요. 그러나 1115년에는 여진족이 금나라를 세우고 고려에게 신하의 나라가 되라고 요구하기도 했습니다. 금나라는 1234년 몽골족에게 멸망당했는데, 그 뒤 여진족은 오랫동안 흩어져 살다가 1616년 후금을 세우고 1636년에는 명나라를 멸망시킨 뒤 청나라로 이름을 바꾸었습니다.

구주대첩
龜州大捷

거란의 1, 2차 침입 때 고려는 송나라와 관계를 끊고 고려왕이 거란에 들어가 인사를 올리기로 약속했습니다. 하지만 고려가 이 약속을 지키지 않자, 거란은 1018년 겨울 소배압에게 10만 군사를 주어 고려를 침공하게 했지요. 거란군은 고려군에게 시달리면서도 개경 근처까지 들어왔지만 결국 물러나지 않을 수 없었습니다. 강감찬은 후퇴하는 거란군을 구주에서 공격하여 겨우 수천 명만이 살아 돌아갔는데, 이것을 구주대첩이라 부릅니다.

● **강감찬(948년~1031년)** 고려의 장수로 71세의 나이에 요나라 10만 대군을 물리쳤다.

강화도 천도
江華島遷都

강화도 천도는 1231년 몽골군이 고려를 침공하자 이듬해 나라의 수도를 강화도로 옮긴 사건입니다. 천도란 도읍지를 옮기는 일을 말하는데, 당시 무신 정권을 이끌던 최우는 해전에 약한 몽골의 약점을 노려 강화도로 수도를 옮긴 뒤 대몽항쟁에 나섰습니다. 하지만 내륙 지방에 남아 있던 백성들은 조정의 보살핌을 받지 못한 채 큰 고통에 시달려야 했습니다.

몽골 제국
蒙古帝國

몽골 제국은 몽골의 초원 지대에 살던 몽골족이 1206년에 세운 나라입니다. 칭기즈 칸이 시조이지요. 유목 민족인 몽골족은 말타기, 활쏘기에 뛰어난 실력을 가지고 있었고, 이를 바탕으로 활발한 정복전쟁을 벌였습니다. 몽골 제국의 영토는 서쪽으로는 카스피 해, 동쪽으로는 동중국해, 북쪽으로는 시베리아, 남쪽으로는 중국의 북쪽 지방에 이르렀습니다. 칭기즈칸이 죽은 뒤 오고타이, 구유크, 몽케가 칸이 되어 나라를 다스렸고, 몽케의 아들인 쿠빌라이는 1279년 중국 전체를 정복하고 원나라를 세웠습니다.

삼별초의 항쟁
三別抄抗爭

삼별초는 무신 정권을 지키는 일종의 특별 부대였습니다. 그러나 고려 조정이 몽골에 항복하자 이에 반대하고 백성들과 함께 대몽 항쟁을 계속했습니다. 1270년 배중손을 지도자로 항쟁을 시작해 왕족인 승화후 온을 임금으로 세우고 진도로 내려갔습니다. 이곳에서 30여 개의 섬을 지배하는 등 한때 세력을 떨쳤지요. 그 뒤 여몽 연합군(고려와 몽골 연합군)의 토벌 작전으로 배중손과 온이 죽자 탐라도(지금의 제주도)로 쫓겨 갔답니다. 이후에도 삼별초는 김통정을 지도자로 세우고 항쟁을 계속했지만, 1273년 여몽 연합군의 탐라도 공격으로 마침내 전멸하고 말았습니다.

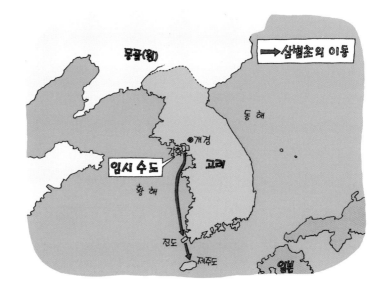

팔관회, 연등회
八關會, 燃燈會

팔관회는 매년 추수가 끝난 뒤 개경과 서경에서 열리던 성대한 축제입니다. 불교만이 아니라 하늘과 산, 강, 용 등 전통적인 신에게 제사를 지내는 행사였지요.

연등회는 매년 초에 열린 불교 행사로 궁궐과 전국 곳곳에 수많은 등불을 밝히고 부처님의 보살핌을 기원했습니다. 이들 행사를 통해 고려 사람들은 자신의 소원과 나라의 안정을 빌었습니다.

팔만대장경
八萬大藏經

고려 고종 때에 만들어 지금은 해인사에 보관되어 있는 불교 경전입니다. 모두 81,258매의 목판에 경전의 내용을 담아 팔만대장경이라는 이름이 붙었습니다. 부처님의 힘을 빌려 몽골의 침입을 물리치려는 마음으로, 1236년부터 1251년까지 16년 동안 온 나라의 힘을 모아 만들었습니다. 하나의 목판에 가로 23행, 세로 14행, 310자 정도를 담고 있으며, 나무판을 바닷물에 절인 다음 그늘에 말려 목판을 만듦으로써, 시간이 흘러도 썩거나 뒤틀리지 않도록 했어요. 목판에 새긴 글씨 역시 조선 시대의 명필인 한석봉이 "사람이 아니라 신이 쓴 글씨"라고 감탄했을 만큼 매우 아름답습니다. 팔만대장경은 지금까지 전해지는 세계의 대장경 중에 가장 오래되고 완벽한 형태를 갖추고 있는 불교 인쇄술의 걸작이랍니다.

● 팔만대장경 경판(위) 팔만대장경이 꽂혀 있는 해인사 내부(아래)

금속 활자
金屬活字

금속활자는 놋쇠, 구리, 납, 쇠, 아연 등을 섞어 인쇄에 쓰이는 활자를 만든 것입니다. 목판 활자는 만드는 데 엄청난 시간과 노동이 들어가면서도, 쉽게 닳아 많은 책을 찍어낼 수 없었습니다. 반면 금속 활자는 깨지거나 썩지 않는데다가, 한 번 인쇄가 끝난 뒤에도 원하는 활자를 골라내 판을 짠 뒤 계속 사용할 수 있는 장점이 있었습니다. 우리나라는 고려 시대 때 세계 최초로 금속 활자를 발명해 사용했는데, 1377년 인쇄된 직지심체요절(직지심경)은 가장 오래된 금속활자 인쇄물로 인정받고 있어요.

●세계 최초의 금속활자 「직지심경」

목화 재배
木花栽培

우리나라의 목화는 고려 공민왕 때 문익점이 목화씨를 들여와 재배하기 시작했습니다. 원나라에 서장관(외국에서 일지 기록과 귀국 후 보고를 맡은 외교 사신)으로 갔던 문익점이 귀국할 때 목화씨를 숨겨서 들어왔고, 이후 3년 만에 재배에 성공했지요. 이로써 우리 민족의 의생활에 큰 변화가 시작되었습니다. 거칠고 조잡한 삼베 대신 무명으로 옷을 지어 입게 된 것이지요. 무명은 따뜻하고 보온성이 뛰어나 긴 겨울을 보내야 하는 우리 민족에게는 꼭 필요한 의복 재료였답니다.

고려 청자
高麗靑瓷

고려 청자는 고려 때 만들어진 푸른빛을 띠는 자기입니다. 고려 문종 때에 중국 송나라의 영향을 받아 만들어지기 시작했지요. 그러나 기술이 발달하며 12세기 중반부터는 고려만의 독창적인 상감 청자로 발전했습니다. 상감 청자란 완전히 마르지 않은 그릇 표면에 오목하게 무늬를 새긴 다음, 희거나 검은 흙으로 그 자리를 메워 구운 자기를 말합니다. 고려의 청자는 화려하고 빼어난 자태로 세계적으로도 인정받는 아름다운 자기였지만, 몽골의 침입 이후 쇠퇴하고 말았습니다.

●상감 청자

화약 제조
火藥製造

고려 말 최무선이 중국인 이원으로부터 염초(화약을 만드는 재료)를 흙에서 뽑아내는 방법을 배워 우리나라 최초로 화약을 만들었어요. 이전에는 염초 제조법을 몰라 공민왕 때 명나라로부터 염초 50만 근과 유황 10만 근 등을 얻어다가 사용하기도 했지요. 이후 고려 조정은 화통도감이라는 관청을 설치하고 화약과 화포를 만들어 왜구의 토벌에 이용했습니다.

4

가장 가까운 옛날, 조선 시대

조선
朝鮮

조선은 1392년 고려의 장군이었던 이성계가 고려를 무너뜨리고 세운 우리 민족의 왕조 가운데 하나입니다. 한민족의 첫 왕조인 고조선을 잇는다는 뜻에서 나라 이름을 조선이라고 정했지요. 조선은 제1대 태조 이성계로부터 27대 순종까지 5백여 년 동안 이어졌습니다. 그러다가 1910년 일제의 침략을 받아 멸망하고 말았고, 이후 우리나라는 1945년 광복을 맞이할 때까지 일제의 식민지 지배 체제 아래 들어가게 되었습니다.

● 이성계(1335년~1408년) 고려 말의 장수였으나 조선을 건국하고 제1대 임금이 되었다.

위화도 회군
威化島回軍

1388년 중국의 명나라는 원나라가 차지했던 고려 영토인 철령 이북의 땅을 요구했습니다. 이에 반발한 우왕과 최영은 약 5만 명의 병사들을 보내 오히려 요동을 정벌하려 했지요. 우군도통사로 병사들을 지휘하게 된 이성계는 다음 네 가지 이유를 들어 요동 정벌을 반대했습니다. 첫째, 작은 나라가 큰 나라를 공격하는 것은 도리에 맞지 않으며, 둘째, 여름철에 전쟁을 하면 농사를 망치고 백성들의 지지를 받지 못하고, 셋째, 명나라를 공격하는 동안 남쪽의 왜구

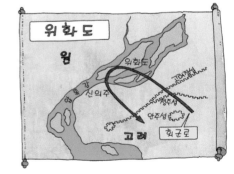

● 이성계의 위화도 회군 경로

가 쳐들어 올 수 있고, 넷째, 장마철이 다가와 전염병이 돌 수 있으며 활의 아교가 녹아 약해진다는 것입니다. 그러나 우왕과 최영이 정벌을 계속 지시하자 이성계는 압록강 하류에 있는 위화도에서 군대를 돌려 개경을 공격했습니다. 이로써 고려 왕조는 힘을 잃고 점점 무너지게 되었답니다.

신진 사대부
新進士大夫

신진 사대부는 신흥 사대부라고도 부릅니다. 이들은 고려 말 이성계를 도와 조선을 건국하는 데 큰 힘을 보탰지요. 사대부란 유교를 공부하여 과거에 급제한 뒤 벼슬길에 오른 사람을 말합니다. 신진이란 새롭게 일어난다는 뜻으로 고려 말 정치의 주인공으로 발돋움한 이들의 모습을 나타내고 있습니다.

한양
漢陽

한양은 조선 왕조의 수도입니다. 한양이라는 이름은 고려 충렬왕 때 양주, 남경이라 불리던 것을 한양부로 고치면서 생겨났지요. 조선 건국 이후인 1394년 이곳을 수도로 정한 뒤부터 오늘날까지 우리나라 정치와 행정의 중심지가 되었답니다. 태조 이성계는 한양에 임금이 머무는 궁궐인 경복궁을 짓고 사직단과 종묘 등을 만들어 도읍지로서의 모습을 갖추었어요. 사직단이란 토지의 신인 '사(社)'와 곡식의 신인 '직(稷)'에게 제사지내는 제단을 말하고, 종묘는 조선 왕실의 조상을 모신 사당을 가리킵니다.

훈구파
勳舊派

훈구파는 조선 시대 때 세조가 조카인 단종에게서 왕위를 빼앗는 데 도움을 준 세력입니다. 점차 요직과 많은 땅을 독차지하게 되면서 부정부패를 일삼았습니다. 이후 이를 비판하는 사림파와 경쟁 과정에서 사화가 발생하기도 했는데, 이들은 선조 임금 이후 힘을 잃게 되었습니다.

사림파
士林派

사림파는 원래 이성계의 조선 건국에 반대하며 시골에 숨어 학문을 연구하던 선비들을 가리킵니다. 명칭에 선비 사(士)와 수풀 림(林)이 붙은 것은 그 때문이죠. 15세기 무렵 훈구파를 견제하기 위해 성종이 조정에 사림파를 불러들였습니다. 이후 사림파는 훈구파와 치열한 다툼을 벌였고, 선조 이후에는 훈구파를 밀어내고 조선 정치의 중심이 되었습니다.

사화
士禍

사화는 훈구파에 의해 사림파가 피해를 입은 사건입니다. 사림파가 큰 화를 당했다고 해서 사화라고 불리죠. 1498년(연산군 4년)에 일어난 무오사화, 1504년(연산군 10년)의 갑자사화, 1519년(중종 14년) 일어난 기묘사화, 1545년(명종 1년) 을사사화가 대표적인 사화입니다.

통신사
通信使

통신사는 조선 시대에 일본을 다스리던 막부의 장군에게 보낸 외교 사절단입니다. 막부는 왕을 대신해서 나라를 다스리던 일본의 정치 집단을 가리키지요. 임진왜란이 일어나기 전까지 조선에서는 62차례, 1607년부터 1811년까지는 12차례에 걸쳐 통신사를 보냈어요. 통신사들은 두 나라의 평화를 유지하고 문물을 교류하는 역할을 했답니다.

임진왜란
壬辰倭亂

임진왜란은 1592년 임진년에 일본의 침략으로 일어난 전쟁입니다. 조일전쟁, 임진전쟁, 7년 전쟁 등으로 불리기도 하지요. 또 1597년에는 일본이 제2차 침략을 일으켰는데 이것은 정유재란이라고 합니다. 보통 임진왜란이라고 하면 이 두 차례의 전쟁 모두를 가리킵니다. 일본의 도요토미 히데요시는 명나라를 정벌하는데 길을 내 달라는 명분으로 20만 명의 병사로 조선을 침략했습니다. 그러나 이순신 장군을 비롯한 조선군과 의병, 조선을 돕기 위해 온 명나라 군사들의 치열한 방어로 7년 만에 물러가게 되었지요. 하지만 나라를 제대로 지키지 못한 조선의 왕권은 크게 약화되었고, 사회 전체에도 큰 변화가 찾아오게 되었습니다. 또 조선을 돕느라 큰 힘을 쓴 명나라가 청나라에게 멸망당하면서 조선을 둘러싼 국제 관계에도 엄청난 변화가 밀려들었습니다.

명
明

명나라는 한족 출신인 주원장이 세운 중국의 왕조입니다. 1368년 몽골족이 세운 원나라를 무너뜨리고 중국을 통일했지요. 임진왜란 때 조선을 도와 일본을 물리쳤지만, 1644년 만주족이 세운 청나라에게 멸망당했어요.

청
清

청나라는 만주족(여진족)의 누르하치가 1616년에 세운 나라입니다. 처음에는 후금이었지만 1644년 명나라를 멸망시킨 뒤 청이라는 명칭으로 나라 이름을 바꿨습니다. 청나라는 중국 대륙을 지배한 마지막 왕조로 1912년에 멸망했습니다.

중립 외교
中立外交

중립 외교는 임진왜란 이후 왕위에 오른 광해군이 중국의 두 왕조인 명과 청 사이에서 실시했던 외교 정책입니다. 조선은 건국 초부터 명나라를 사대의 예로 섬겼지만, 이 무렵은 청나라가 중국의 새로운 주인으로 떠오르고 있었습니다. 광해군은 명나라에 대한 의리보다는 두 나라의 전쟁에 휘말리지 않는 것이 조선의 이익이라고 생각했던 것입니다.

인조반정
仁祖反正

인조반정은 1623년 서인들이 난리를 일으켜 광해군을 몰아내고 능양군 종을(인조) 왕위에 세운 사건입니다. 서인들은 광해군이 명나라를 배신하고 이복동생인 영창대군을 죽인 일을 문제 삼아 반정을 일으켰지요. 반정이란 원래 바른 것으로 돌아간다는 뜻이지만, 이 사건은 당시 정권에서 소외된 서인들이 권력을 되찾기 위해 일으킨 것이었습니다.

정묘호란
丁卯胡亂

정묘호란은 1627년(정묘년) 조선과 후금(청나라) 사이에서 일어난 전쟁입니다. 인조가 왕이 된 이후 후금을 멀리하고 명나라를 돕자 3만 명의 군대로 조선을 침공한 사건을 말하지요. 강화도로 몸을 피했던 인조는 후금과 형제의 맹세를 맺은 뒤 명나라를 멀리할 것을 약속하고 간신히 화친을 맺었습니다.

병자호란
丙子胡亂

병자호란은 1636년(병자년) 12월에 벌어져 이듬해 1월까지 계속된 청나라와의 전쟁입니다. 정묘호란 뒤 청나라의 무리한 요구가 계속되자 조선에서는 화친의 맹세를 깨고 청과 싸울 것을 주장하는 목소리가 높아졌습니다. 이 사실이 알려지자 청나라 태종은 직접 20만 명의 병사들을 이끌고 조선을 침공했습니다. 인조는 남한산성으로 들어가 40여 일 동안 버티었지만 추위와 배고픔을 견디지 못하고 삼전도(지금의 서울 송파구 잠실)로 나와 치욕적인 항복을 했습니다.

북벌론
北伐論

북벌론은 인조의 둘째 아들이며 제17대 왕인 효종 때 청나라를 정벌하려 했던 계획입니다. 병자호란 뒤 청나라에 인질로 끌려갔다 돌아온 효종은 10만 명의 병사를 길러 청나라를 정벌하려 했지요.

그러나 전쟁의 상처가 회복되지 않아 백성들이 어려움을 겪고 있었고, 양반들도 전쟁으로 인한 혼란을 원하지 않아 북벌론은 현실에서 성공하지 못했습니다.

한글 창제

우리나라 고유의 문자인 한글은 1443년 만들어져 1446년 반포되었습니다. 한글은 이때 훈민정음(백성을 가르치는 바른 소리라는 뜻)이라는 이름으로 불렸지요. 세종 대왕이 한글을 창제한 이유는 다음 세 가지로 알려져 있습니다.

※ 첫째, 우리나라의 말이 한자와 달라 백성들이 제대로 자기 뜻을 표현할 수가 없으므로 이를 바로잡기 위한 목적입니다.

※ 둘째, 쉬운 한글로 책을 만들어 조선 왕조에 대한 백성들의 충성심을 이끌어내려는 목적입니다.

※ 셋째, 우리말로 한자의 음과 뜻을 적어 한자를 더욱 쉽게 공부할 수 있게 하려는 목적입니다.

어느 한 시기에 문자가 만들어져 사용되고 그것이 6백 년간이나 이어진 사례는 전 세계적으로 한글밖에 없다고 합니다.

집현전
集賢殿

집현전은 조선 세종 때 인재 양성과 학문 연구를 위해 설치한 기관입니다. 도서관과 학문 연구 기능은 물론, 왕이 나랏일을 돌볼 때 필요한 일들을 자문하기도 했지요. 세종과 문종 때 활발하게 운영되다가 세조 때 폐지되었습니다. 집현전 출신의 학자들이 단종으로부터 왕위를 빼앗은 세조를 반대했기 때문이지요.

용비어천가
龍飛御天歌

『용비어천가』는 훈민정음을 사용하여 간행한 최초의 책입니다. 태조 이성계의 고조할아버지부터 태종까지 조선 왕실의 업적과 건국 과정을 찬양하는 내용이지요. 백성들이 이해하기 쉬운 한글을 통해 나라와 임금에 대한 충성심을 이끌어내려 했답니다.

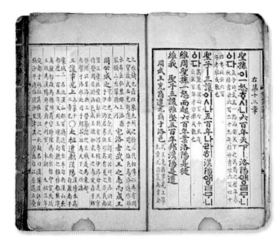

●**용비어천가** 훈민정음으로 기록된 최초의 책이다. '뿌리 깊은 나무는 바람에 흔들리지 아니한다'는 제2장의 문구가 유명하다.

삼강행실도
三綱行實圖

삼강이란 나라에 대한 충성, 어버이에 대한 효도, 부부가 지켜야 할 정절을 가리킵니다. 행실이란 행동이나 몸가짐을 뜻하고요. 세종은 1428년 진주의 김화라는 사람이 자기 아버지를 죽인 사건이 일어나자, 유교의 원리를 백성들이 잘 이해하고 실천할 수 있도록 『삼강행실도』를 펴냈습니다. 이 책은 우리나라와 중국의 충신, 효자, 열녀 등의 삶을 그림과 함께 엮어 백성들이 쉽게 이해하고 익힐 수 있도록 했습니다. 1481년에는 한글로 풀이한 책도 나왔습니다.

측우기
測雨器

측우기는 비의 양을 재는 도구입니다. 홍수와 가뭄 때문에 생기는 피해를 막고 농사를 돕기 위해 1441년 세자였던 문종이 만들었습니다. 1442년부터 측우기를 통해 전국적으로 비의 양을 재는 제도를 마련했지요. 모양은 높이 32센티미터, 지름 15센티미터가량의 쇠 원통이며, 안에 고인 비의 양을 재는 자의 길이는 약 21센티미터입니다. 측우기는 발명은 다른 나라보다 약 2백 년이 앞선 것이라고 알려져 있습니다.

자격루
自擊漏

자격루는 사람이 지켜보지 않아도 혼자서 시간을 알리는 시계라는 뜻으로, 자동으로 시간을 알려주는 물시계입니다. 1443년 장영실이 김조, 이천과 함께 만들었지요. 시간에 따라 물의 양이 달라지며 지렛대의 원리와 쇠구슬의 운동으로 종이 울리게 되어 있습니다.

혼천의, 간의
渾天儀, 簡儀

혼천의는 세종 때 하늘의 모양을 본떠 만든 천문 관측기구입니다. '혼천'은 우주를 뜻하며 '의'는 보통 천문 관측기구를 가리킬 때 쓰는 말입니다. 1438년 이천과 장영실이 중국의 기구를 참고하여 만들었고, 뒤에는 명종, 선조, 효종, 현종 때에도 새롭게 만들어졌습니다. 조상들은 이 기구를 이용하여 사계절의 변화, 별의 위치 등을 관찰했지요.

간의는 혼천의의 구조를 더 간소하고 정교하게 만들어 고도와 방위, 시간을 정확하게 관측할 수 있도록 한 기구입니다. 우리나라에서는 1432년 세종의 명령으로 이천, 장영실이 간의를 만들어 경복궁 경회루 북쪽에 설치했습니다.

앙부일구
仰釜日晷

앙부일구는 네 발이 달리고 솥처럼 생긴 해시계입니다. 중국의 해시계를 참고하여 세종 때 만들었지요. 궁궐은 물론 사람들이 많이 다니는 길에 설치하고 휴대용까지 있어서 누구나 시간을 알 수 있도록 했습니다. 솥 안에 침을 세워 두고 시시각각 바뀌는 그림자의 위치와 길이로 시각과 계절을 나타내게 했습니다.

경국대전
經國大典

『경국대전』은 백성을 다스리는 데 기준이 된 조선 최고의 법전입니다. 세조 때 만들기 시작해 성종 때 완성되었습니다. 이전에 있었던 『경제육전』『경제육전속전』 등의 법전과 태조부터 성종까지 약 100년간 왕이 내렸던 명령 등을 참고하여 여러 번 고친 끝에 완성했지요. 정치, 경제, 행정, 노비 등 국가와 백성의 살림살이에 관한 거의 모든 내용을 다루고 있습니다.

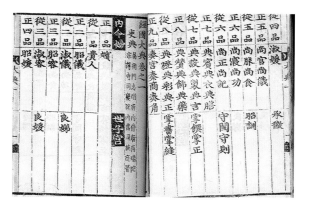

● **경국대전** 조선 최고의 법전이다. 나라의 행정, 세금과 제정, 외교와 예법, 군사, 형벌, 재판, 도로나 산업 등에 관한 내용을 폭넓게 다루고 있다.

삼강오륜
三綱五倫

삼강오륜은 유교 도덕에서 기본이 되는 세 가지 도리와 다섯 가지 실천 항목입니다. 그 내용은 다음과 같습니다.

삼강의 내용
※ 군위신강(임금과 신하 사이에서 지켜야 할 도리)
※ 부위자강(부모와 자식 사이에서 지켜야 할 도리)
※ 부위부강(아내와 남편 사이에서 지켜야 할 도리)

오륜의 내용
※ 부자유친(부모는 자식을 사랑하고 자식은 부모에게 효도한다)
※ 군신유의(임금과 신하는 서로를 의리로써 대한다)
※ 부부유별(남편과 아내 사이에는 서로 지켜야 할 분별이 있다)
※ 장유유서(윗사람과 아랫사람 사이에는 지켜야 할 차례와 질서가 있다)
※ 붕우유신(친구를 믿음으로써 대한다)

성균관
成均館

성균관은 고려 말과 조선 시대의 최고 교육 기관입니다. 고려 말의 교육 기관인 국자감은 성균관으로 이름을 바꾸고 조선 시대까지 맥을 이어졌지요. 성균이란 음악의 가락을 바로잡아 넘치거나 모자라지 않게 한다는 뜻이에요. 이곳은 유학을 가르치고 뛰어난 인재를 뽑아 나랏일을 맡김으로써 조선 왕조의 안정과 발전에 이바지했답니다. 이밖에도 지방에는 향교라는 국립 교육 기관을 두고 유생들을 교육했고, 사회 전체가 유교의 가르침에 따라 운영될 수 있도록 했습니다.

양반, 신분 제도
兩班, 身分制度

원래는 문신과 무신을 뜻하는 문반, 무반을 통틀어 양반이라고 했습니다. 그러나 고려 말에서 조선으로 넘어오며 양반은 사회를 이끌어가는 지배 계층을 뜻하는 말이 되었지요. 조선 시대 때 양반은 정치, 경제, 교육 등 모든 면에서 큰 혜택을 누렸고 결혼도 자기들끼리만 했습니다. 군대에도 가지 않았고, 어려서부터 글공부를 하여 과거를 치르고 관리가 되는 것만을 가장 큰 영예로 알았습니다. 양반 밑에는 관청에서 허드렛일을 하거나 의학, 법률, 통역 등을 맡은 중인이 있었고, 그 밑에는 상민, 천민이 있었습니다. 상민은 대부분 농업에 종사했고 더러 어업, 상업, 수공업 등의 일을 하기도 했지요. 이들은 물자를 생산하고 세금을 내며 군대에 가서 나라를 지키는 등 나라 살림에 필요한 모든 일을 하는 계층이었습니다. 천민은 노비와 소를 잡는 일 등 천한 직업을 가진 사람들이었습니다. 이렇듯 조선 시대의 신분 제도는 양반-중인-상민-천민의 네 등급으로 나뉘어져 있었어요.

24절기
二十四節氣

24절기란 태양의 움직임에 맞추어 1년을 15일 간격으로 24등분해서 계절을 구분한 것을 말합니다. 이것은 농사를 지을 때 어느 절기에 무엇을 해야 하는지를 알려 줌으로써 큰 도움을 주었지요. 입춘, 우수, 경칩 등 봄의 절기로부터 동지, 소한, 대한 등 겨울 절기까지 다양하지요.

붕당 정치
朋黨政治

붕당이란 뜻이나 이익을 함께 하는 무리를 말하는데, 오늘날의 정당과 비슷한 의미를 가지고 있습니다. 조선 중기인 선조 때 동인과 서인이 나뉘며 붕당이 생겼고, 이후 남인, 북인, 노론, 소론을 비롯한 수많은 붕당이 출현했습니다. 이들은 주로 같은 스승 밑에서 학문을 하던 사람들로 이루어졌는데, 이들에 의한 정치를 붕당 정치라고 부릅니다. 오늘날의 정당들이 서로 다른 정책과 이념을 가진 것처럼 붕당 역시 긍정적인 면도 있었습니다. 하지만 숙종 때에 이르면 붕당 정치의 부정적인 면모가 커져 나라가 혼란스러워지고, 여러 신하들이 목숨을 잃는 등 큰 피해가 일어났습니다.

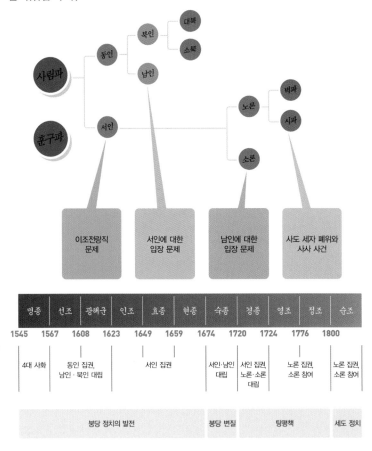

● 정쟁의 흐름

탕평책
蕩平策

탕평책은 조선 시대 영조, 정조 때 붕당 간의 지나친 경쟁을 억누르고 균형을 이루기 위해 펼친 정책을 말합니다. 탕평이란 유교 경전인 『서경』에 나오는 '탕탕평평(평평하고 고르다는 말로서 어느 쪽으로도 치우치지 않는다는 뜻)'에서 비롯된 말이지요. 이를 위해 영조, 정조는 여러 붕당에서 고르게 인재를 선발했고, 조정 안에서 어느 한 붕당의 힘이 커지는 것을 막기 위해 힘썼어요. 탕평책의 내용을 새긴 비석인 탕평비, 각각 다른 색깔과 맛을 가진 재료를 버무려 조화로운 맛을 내는 탕평채라는 요리도 이 무렵 생겼답니다.

균역법
均役法

균역법은 1751년 영조에 의해 실시된 세금 제도입니다. 16세 이상 남자들이 군대에 가는 대신 바치던 포(베로 짠 옷감)를 2필에서 1필로 줄여 주었습니다. 조선 시대에 군대에 가는 의무는 주로 일반 백성들이 지고 있었는데, 농업이 발달해 부유한 농민이 늘어나자 돈으로 양반 신분을 사서 이런 의무에서 벗어나는 경우가 많았습니다. 또 가난한 농민들은 무거운 세금을 견디다 못해 도망치는 경우가 있었어요. 균역법은 이처럼 잘못된 현실을 고쳐 백성들의 부담을 덜어주려 한 제도입니다.

서얼
庶孽

서얼이란 정식 부인이 아닌 여자에게서 낳은 자식을 말합니다. 이들은 벼슬길에 나가거나 과거 시험에 응시하는 일이 금지되었습니다. 심지어 집안에서 부모의 재산을 물려받을 때도 큰 차별을 받았고, 아버지나 형을 '아버지', '형'이라고 부를 수 없는 경우도 많았습니다. 1777년 정조는 서얼들도 벼슬길에 나갈 수 있게 함으로써 이들이 받던 차별을 크게 줄여주었지요. 이덕무, 유득공, 박제가 등 뛰어난 실학자들이 관리가 될 수 있었던 것은 이 때문입니다.

규장각
奎章閣

규장각은 1776년 정조의 명령으로 만들어진 왕실 도서관입니다. 하지만 도서관의 기능 말고도 정조의 개혁 정치를 뒷받침하기 위한 연구와 자료를 수집하는 일, 인재들을 교육하고 길러내는 일 등을 담당했습니다.

화성
華城

화성은 조선 후기, 지금의 수원에 세워진 도시입니다. 정조의 명령으로 1794년 성을 짓기 시작하여 1769년 완성했습니다. 화강암으로 성을 쌓던 전통적인 방식을 버리고 69만 5천여 장의 벽돌로 쌓았습니다. 이 성을 쌓은 목적은 한양을 배경으로 성장한 신하들의 당파 싸움에서 벗어나 왕 중심의 정치를 펼치기 위해서였지요. 이 때문에 정조는 아버지 사도 세자의 묘를 화성으로 옮기고 여러 차례 행차하기도 했습니다. 뛰어난 건축술을 사용한 것으로 인정받아 1997년 유네스코 세계 문화유산으로 지정되었습니다.

●수원성(수원화성) 수원을 새로운 경제 중심지로 키우려는 정조의 뜻에 따라 정약용 등이 계획을 세워 성을 쌓았다. 성을 지을 때 거중기와 같은 과학적 장비가 사용되었다. 사진은 수원화성의 북문인 장안문의 모습이다.

거중기, 녹로
擧重機, 轆轤

거중기는 움직도르래를 이용하여 무거운 물체를 들어 올리도록 한 도구입니다. 정조는 예수회 선교사 테렌즈가 지은 『기기도설』을 중국에서 들여와 정약용에게 이 도구를 만들게 했어요. 주로 낮은 곳의 돌을 쌓는 데 사용했지요. 녹로 역시 이때 정약용이 발명한 것으로, 이것은 높은 곳의 돌을 쌓을 때 사용하는 도구였습니다. 11미터 높이의 장대 끝에 도르래가 달려 있어서 높은 곳까지 무거운 물체를 들어 올릴 수 있었답니다.

모내기법
移秧法

모내기법은 이앙법이라고도 합니다. 이전에는 밭에 직접 볍씨를 뿌린 뒤 기르는 직파법이 사용되었습니다. 그러나 점차 모판에 씨를 뿌려 싹이 난 모를 논에 옮겨 심는 모내기법을 많이 사용하게 되었지요. 이 방법은 많은 물이 필요해서 가뭄이 들거나 수리 시설이 부족할 때는 어려움을 겪는 단점이 있습니다. 하지만 쌀의 수확량을 크게 늘려주었기 때문에 조선의 농업 발전에 큰 영향을 주었습니다. 모내기법은 지금도 사용되고 있습니다.

상평통보
常平通寶

상평통보는 인조 때 만들어 숙종 때부터 널리 쓰이기 시작한 화폐입니다. 언제나 고르게 사용할 수 있는 돈이라는 뜻을 가지고 있지요. 경제 발전과 더불어 상업이 발달하자 물건과 물건을 바꾸는 번거로움을 덜기 위해 간편한 화폐가 널리 쓰이게 되었습니다.

경강상인
京江商人

조선 후기 상업이 발달하자 함께 여러 지역에서 장사를 전문으로 하는 상인 집단이 나타나게 되었습니다. 그중에서도 경강상인은 한양 지역을 흐르는 한강을 중심으로 장사를 했던 사람들입니다. 이밖에도 고려 초부터 상업이 활발했던 개성(송도)의 송상, 청나라로 가는 길목인 의주를 무대로 한 만상, 일본과의 무역이 발달했던 경상남도 부산(동래)의 내상 등이 큰 상인 집단을 이루었지요. 이들은 국내뿐 아니라 외국과의 무역으로 많은 돈을 벌었습니다. 또 등짐을 지고 전국에서 열리는 장을 찾아가 장사를 하던 등짐장수(보부상)들도 상업의 발달에 큰 역할을 했습니다.

공명첩
空名帖

공명첩이란 이름 쓸 곳을 비워둔 임명장이라는 뜻입니다. 나라에서 파는 이 문서를 사면 그 자리에서 빈 칸에 이름과 벼슬을 기록해주었지요. 이때 받은 벼슬은 실제로 일을 하는 관직이 아닌 이름뿐이었지만, 공명첩을 사면 양반이 될 수 있었기 때문에 부유한 농민이나 노비들에게 큰 인기를 끌었습니다. 공명첩을 사고파는 일이 늘어날수록 양반도 늘어나 조선의 신분 제도는 크게 흔들렸습니다.

서민 문화
庶民文化

서민 문화는 조선 후기 양반이 아닌 서민들이 만들고 즐기던 문화입니다. 이 무렵에는 농업 생산량이 늘어나고 상업이 발달하여 경제적으로 여유가 생긴 서민 계층이 크게 늘어났지요. 자연스럽게 문화와 예술에 대한 이들의 관심이 높아지면서, 이제껏 양반이 누리던 것과는 다른 서민 고유의 판소리, 민화, 풍속화 등 새로운 문화가 발달하게 되었답니다.

판소리, 탈놀이

판소리는 하나의 이야기를 노래와 말, 몸짓을 통해 표현하는 것으로서 대표적인 서민 문화의 하나입니다. 많은 청중들이 모인 놀이판에서 이들과 어우러져 흥겨운 노래 마당을 펼쳤지요. 원래는 열두 마당의 판소리가 있었는데 지금은 〈심청가〉〈춘향가〉〈흥부가〉〈수궁가〉〈적벽가〉 다섯 마당만 전해집니다. 탈놀이는 탈을 쓰고 분장하여 벌이는 일종의 연극입니다. 주로 양반을 조롱하고 잘못된 사회를 비판하여 서민들의 큰 사랑을 받았습니다. 〈봉산탈춤〉〈송파 산대놀이〉 등이 유명합니다.

민화, 풍속화
民畵, 風俗畵

민화란 서민들 사이에서 유행한 그림으로, 행복하게 살기를 바라는 백성들의 소망을 소박한 화풍으로 표현한 그림입니다. 그리고 풍속화는 서민들의 다양한 생활 모습을 그린 그림을 말합니다. 김홍도와 신윤복의 그림들이 대표적입니다.

● 신윤복의 〈미인도〉
● 김홍도의 〈씨름〉

곤여만국전도
坤輿萬國全圖

곤여만국전도는 중국에 온 서양 선교사 마테오 리치가 1602년 만든 세계 지도로 한 장의 지도 안에 타원형으로 표현된 전 세계의 모습을 담았습니다. 유럽, 아시아, 아프리카, 남북아메리카, 오세아니아 대륙이 모두 그려져 있지요. 이 지도가 전해지면서 중국을 세상의 중심이라고 여겼던 조선 사람들의 생각에 큰 변화가 생기게 되었답니다. 이와 함께 서양 세계의 대한 호기심도 크게 늘었습니다.

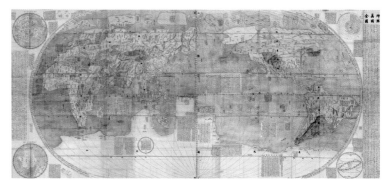

●곤여만국전도

하멜 표류기

하멜 표류기는 네덜란드 사람 헨드릭 하멜이 13년간 조선에서 생활한 체험을 기록한 책입니다. 1668년 네덜란드 암스테르담에서 출판되었어요. 1653년 하멜은 배를 타고 대만에서 일본으로 가는 도중 폭풍우를 만나 35명의 일행과 함께 제주도에 상륙했습니다. 그 뒤 서울, 전라도 등으로 옮겨 살았습니다. 1666년 그때까지 살아남은 16명 중 8명이 일본으로 탈출했고, 2년 뒤에는 나머지 8명도 일본으로 떠났습니다. 하멜 표류기는 조선의 정치, 경제, 교육, 산업 등 여러 부분을 다룬 책입니다.

서학
西學

서학은 16세기 이후 조선에 전해진 서양의 학문과 종교로, 좁게는 천주교를 뜻하기도 합니다. 중국에 드나들던 조선 사신들에 의해 서양의 서적과 지도, 천리경(망원경), 자명종 등이 들어오면서 관심을 끌게 되었지요. 그러나 서학은 18세기 후반부터 남인 학자들에 의해 종교로 받아들여지면서 큰 혼란의 주인공이 되었습니다. 충과 효를 중요하게 생각하는 유교와 조상에 대한 제사가 우상 숭배라고 주장하는 천주교의 생각이 충돌한 것이지요. 이 때문에 많은 천주교인들이 나라에 의해 처형당하는 비극이 발생했어요.

천주실의
天主實義

『천주실의』는 1595년 중국에 온 이탈리아의 예수회 선교사 마테오 리치가 한문으로 쓴 천주교 교리서(종교의 밑바탕이 되는 생각을 담은 책)입니다. 천주실의는 하느님에 대한 참다운 토론이라는 뜻입니다. 책 출간 이후 한국, 일본 등에도 전해져 큰 논란을 불러 일으켰습니다.

동학
東學

동학은 1860년 몰락한 양반 출신인 최제우가 만든 종교입니다. 그 무렵 유교는 조선 사회를 이끌어나갈 힘을 잃었고, 서학의 등장으로 혼란은 더욱 극심해졌습니다. 동학은 이런 상황 속에서 백성을 위해 나라를 개혁하는 한편, 서학에 맞서 민족의 전통을 수호하겠다는 뜻에서 일어났어요. 이런 뜻은 동학이라는 이름에서도 잘 드러납니다. 동학은 최제우가 사회를 어지럽힌다는 이유로 처형당하면서 큰 어려움을 겪어요. 그러나 2대 교주 최시형의 노력으로 힘을 회복했고, 뒤에는 동학 농민 운동을 통해 세상을 바꾸려는 노력을 벌이기도 했습니다.

인내천
人乃天

인내천은 동학의 중요한 교리 중 하나입니다. 사람이 곧 하늘이라는 뜻으로, 모든 사람이 평등하다는 인간 평등사상을 나타내고 있지요. 이밖에도 동학의 주장 중에는 후천개벽(지금의 어려운 세상이 끝나고 백성들의 원하는 새로운 세상이 열린다는 뜻), 보국안민(나라를 돕고 백성을 편안하게 한다는 뜻), 광제창생(널리 백성을 구한다는 뜻)과 같은 것이 있습니다.

소작농
小作農

소작농은 남에게 땅을 빌려 농사를 짓는 농민을 말합니다. 땅 주인은 지주라고 부르지요. 소작농은 수확한 곡식의 일부를 땅을 빌린 대가인 소작료로 지주에게 물어주어야 했습니다. 지주의 힘이 세어질수록 소작료도 많아져 소작농 가족의 생계를 위협하는 경우가 많았습니다.

실학
實學

실학이란 실생활에 도움이 되는 학문이라는 뜻으로, 조선 후기에 나타난 개혁 사상입니다. 도덕론에만 치우친 성리학은 사회의 변화를 따라잡지 못하고 백성들의 생활에도 도움을 주지 못했습니다. 실학은 이를 비판하며 중국에 대한 의존에서 벗어나 우리 것을 제대로 알고, 토지 제도를 비롯하여 잘못된 현실을 바꿔 백성이 잘 사는 나라를 만들 것을 주장했습니다. 실학자란 이런 주장을 펼치며 실천해 나갔던 학자들을 말합니다.

중농학파, 중상학파
重農學派, 重商學派

백성들이 잘 사는 부강한 나라를 만들기 위한 방법은 실학자들마다 달랐습니다. 그중에서도 크게 두 가지 생각이 있는데 농업을 중시한 중농학파와 상업을 중시한 중상학파가 그것입니다. 중농학파는 토지 제도를 바로 잡고 과학적인 농사 기술을 보급하여 농업을 튼튼히 해야 한다고 주장했습니다. 반면 중상학파는 나라가 발전하기 위해서는 상업과 공업, 무역을 장려하여 나라의 부를 늘려야 한다고 주장했지요. 이들은 북쪽의 오랑캐라고 멸시하던 청나라의 문물을 적극적으로 받아들여야 한다고 주장해 북학파라고도 불리었습니다.

경세유표, 목민심서
經世遺表, 牧民心書

『경세유표』와 『목민심서』는 대표적인 실학자이자 중농 학파인 정약용이 지은 책입니다. 『경세유표』는 나라를 다스리는 모든 일에 관하여 잘못을 바로잡는 방법을 다룬 책이고, 『목민심서』는 지방의 관리로 임명된 벼슬아치들이 지켜야 할 마음가짐과 도리에 대해 쓴 책입니다. 백성을 수탈(강제로 빼앗음)하는 탐관오리들의 횡포를 막기 위한 목적으로 쓰였습니다.

열하일기, 북학의
熱河日記, 北學議

『열하일기』와 『북학의』는 대표적인 북학파인 박지원과 박제가가 지은 책입니다. 『열하일기』는 박지원이 청나라 사신 일행을 따라가 보고 들은 것을 기록한 기행문인데, 열하는 청나라 황제의 별장이 있는 곳이지요. 그는 이 책에서 청나라의 문물을 빠짐없이 기록하고 이를 적극적으로 받아들여 조선의 발전에 참고할 것을 주장했습니다.

『북학의』는 박지원의 제자 박제가가 청나라 사신으로 중국에 가서 보고 들은 것을 바탕으로 지은 책입니다. 『열하일기』와 『북학의』는 북학파의 생각을 담은 대표적인 책으로 실학의 발전에 큰 영향을 끼쳤습니다.

대동여지도
大東輿地圖

대동여지도는 1861년 김정호가 목판으로 만든 우리나라의 전국 지도입니다. 우리나라를 남북으로 22단으로 나누고 동서로는 19개의 판으로 나눠 그렸습니다. 이 22개의 단을 모두 이어붙이면 우리나라 전체의 모습을 볼 수 있지요. 모두 펼치면 길이가 7미터, 폭이 3미터가 되는 대형 지도로, 현재의 지도와 큰 차이가 없을 정도로 매우 정확한 지도입니다.

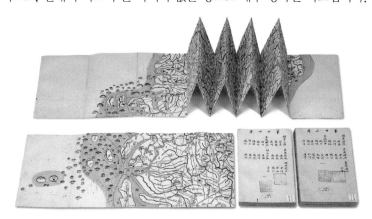

●대동여지도 조선 전국의 땅을 모두 기록한 이 지도는 김정호가 22권의 책 형태로 제작하였다. 이 22권의 책을 모두 펼쳐 이어 놓는다면 세로 약 6.7미터, 가로 약 3.8미터 크기의 커다란 지도가 된다.

삼정의 문란
三政─紊亂

삼정이란 전정, 군정, 환곡을 말합니다. 전정은 농사짓는 땅에 세금을 붙여 거두는 일을, 군정은 군대에 가지 않는 남자들에게 베로 된 옷감(군포)을 거두는 일을, 환곡은 관아의 곡식을 백성에게 빌려 주고 나중에 되받는 일을 말합니다. 조선 후기에는 나라를 운영하는 데 근본이 되는 삼정이 뒤죽박죽 엉망이 되었습니다. 이것을 삼정의 문란이라고 합니다. 탐관오리들이 세금을 멋대로 거둬 자신의 배를 불렸기 때문에 백성들은 이루 말할 수 없는 고통을 겪게 되었습니다.

세도 정치
勢道政治

세도 정치란 조선 후기 몇몇 힘센 가문이 권력을 쥔 채 제멋대로 정치를 펴던 일을 말합니다. 정조가 죽고 어린 순조가 왕위에 오르자, 왕비의 집안인 안동 김씨 세력이 권력을 독점해, 순조─헌종─철종 3대에 걸쳐 약 60년 동안 세도 정치를 폈습니다. 이 기간 동안 위로는 정치가 어지러워지고, 아래로는 백성의 삶이 피폐해지는 등 나라가 극심한 혼란에 빠졌습니다. 안동 김씨 외에도 풍양 조씨, 남양 홍씨, 대구 서씨 등이 세도 정치에 참여한 대표적인 가문입니다.

홍경래의 난
洪景來─亂

홍경래의 난은 1811년 12월에 일어나 1812년 4월까지 5개월 동안 계속된 평안도 지역의 농민 봉기입니다. 봉기란 벌떼처럼 세차게 일어난다는 뜻을 가진 말이지요. 조선시대 때 평안도는 반란의 기운이 서린 곳이라고 하여 큰 차별을 받았습니다. 여기에 지방의 벼슬아치들에 의한 횡포가 계속되자 백성들은 몰락한 양반 홍경래의 지휘 아래 무기를 들고, 조선 왕조를 무너뜨리고 새로운 나라를 세우려 한 것이지요. 그러나 봉기는 4개월 만에 관군에 의해 꺾이고 홍경래는 총에 맞아 죽었습니다. 정주성에서 끝까지 저항하던 반란군도 2,983명이 사로잡혀 대부분 처형당하고 말았습니다. 비록 실패로 끝났지만 홍경래의 난은 새로운 사회를 열어가려는 농민과 백성의 힘을 잘 보여준 사건이었습니다.

진주농민봉기
晋州農民蜂起

진주농민봉기는 1862년 삼정의 문란과 진주 목사 홍병원, 우병사 백낙신의 횡포에 맞서 진주의 농민들이 일으킨 봉기로, 진주 민란이라고도 합니다. 농민들은 몰락한 양반 출신 유계춘과 이계열 등의 지휘 아래 진주성을 점령하는 등 기세를 떨쳤습니다. 농민들은 조정에서 관리들을 보내 자신들의 요구를 들어주겠다고 약속한 뒤 해산했지만, 조정에서는 약속을 지키지 않았고 봉기를 이끌었던 지도자들은 처형되고 말았습니다. 비록 실패로 끝났지만 진주 농민 봉기는 이후 전국적으로 일어난 농민 봉기의 불씨가 되었습니다.

5

식민지가 된 나라와
독립을 향한 함성 소리

이양선
異樣船

이양선은 이상한 모습을 한 배라는 뜻으로, 조선 배와는 전혀 다른 서양의 선박을 가리키는 말입니다. 이양선은 18세기 후반부터 본격적으로 조선의 해안에 등장해 통상(나라 사이에 물건을 사고파는 일)을 요구해 왔습니다. 이양선의 출현은 조선에 큰 혼란을 불러일으켰습니다.

●1700년대 영국의 이양선

서원 철폐
書院撤廢

서원 철폐는 흥선 대원군이 지방 백성들의 돈을 뜯어내며 괴롭히던 서원들을 없애버린 일을 말합니다. 원래 서원은 지방에서 선비들이 모여 학문을 하고 유교의 성현들을 제사지내는 곳이었어요. 그러나 조선 후기로 갈수록 지방의 수령들을 간섭하고 백성들의 돈과 물건을 강제로 뜯어내는 등 큰 문제를 일으키는 곳으로 변해갔습니다. 1871년 대원군은 결국 백성들의 삶을 보호하기 위해 나라에서 인정한 47곳의 서원 외에는 모두 헐어 버리도록 지시했습니다.

호포제
戶布制

호포란 집집마다 봄, 가을에 베나 무명, 모시 등을 거두어들이던 세금을 말합니다. 집을 가리키는 호(戶)와 베 옷감을 가리키는 포(布)를 합한 말이에요. 조선 시대에는 군포(군대에 가는 대신 내던 옷감)를 바치면 군대를 면제해 주었는데, 이것은 양인(일반 백성)들에게 해당되었습니다. 양반은 군대에 가지도 않았고 군포를 바치지도 않았지요. 1871년 대원군은 제도를 고쳐 양반, 양인 가리지 않고 집집마다 1년에 두 번씩 군포 값 두 냥을 걷도록 했습니다. 양반들은 심하게 반대했지만 호포제는 나라의 살림살이를 튼튼히 하고 엄격했던 신분 제도도 약화시키는 결과를 가져왔습니다.

쇄국 정책
鎖國政策

쇄국 정책은 조선 시대에 외국과의 교류를 금지하고 나라의 문을 굳게 닫도록 한 정책입니다. 조선 후기에는 밖으로는 서양 세력이 나타나 통상을 요구하고 안으로는 천주교가 널리 퍼지는 등 큰 변화가 밀려들었습니다. 1842년에는 중국이 영국과의 전쟁에서 패하고 영국과 프랑스 연합군이 베이징을 점령하자 조선 사람들의 위기감은 더욱 커졌습니다. 이에 흥선 대원군은 나라의 문을 굳게 걸어 서양 세력의 침략을 막아내고 안으로는 천주교를 탄압하였습니다. 이것을 쇄국 정책이라고 하지요. 그러나 쇄국 정책을 편 결과 조선은 당시 세계의 급격한 변화에 따라가지 못하는 우물 안 개구리 신세가 되고 말았습니다.

병인양요
丙寅洋擾

병인양요는 1866년(병인년)에 프랑스군이 조선을 침략한 사건으로, 양요란 서양인이 일으킨 난리라는 뜻이지요. 1866년 흥선 대원군은 9명의 프랑스 신부와 수천 명의 조선인 천주교도를 처형하는 병인박해를 일으켰습니다. 이때 리델 신부는 청나라로 탈출하여 그곳에 있던 프랑스 공사에게 이 사실을 알렸습니다. 프랑스는 이에 복수를 다짐하며 1866년 9월 15일 군함 7척과 6백여 명의 병사를 보내 침략을 시작했습니다. 그러나 프랑스의 속셈은 이 사건을 구실로 조선과의 통상을 시작하겠다는 것이었지요. 양헌수 장군은 5백여 명의 병사들을 이끌고 강화도의 정족산성에서 프랑스군을 물리치고 이들을 조선 땅에서 몰아냈습니다. 물러나던 프랑스군은 강화도 외규장각에 보관 중이던 조선 왕실의 책과 문서를 비롯하며 많은 물품을 약탈해 갔습니다.

신미양요
辛未洋擾

신미양요는 1871년(신미년)에 미국이 군함을 앞세워 조선에 통상을 요구한 사건입니다. 5년 전인 1866년 미국 상선 제너럴셔면 호는 평양의 대동강에서 사람을 죽이는 등 횡포를 부리다가 평양 관민에 의해 불태워진 일이 있었습니다. 미국은 이 사건에 대한 책임을 묻겠다는 구실로 군함 5척과 천 2백여 명의 병사들로 강화도를 침략했어요. 어재연 장군이 지휘하는 조선군은 광성보, 초지진 등에서 전투를 벌였지만, 3백 50여 명이 목숨을 잃는 등 참패를 하고 말았지요. 그러나 미군은 적은 병사들로 조선을 완전히 무릎 꿇릴 수 없다고 판단하여 물러갔습니다. 병인양요와 신미양요는 조선이 쇄국 정책을 더욱 굳게 펴는 계기가 되었습니다.

척화비
斥和碑

척화비는 병인양요, 신미양요를 겪은 뒤 흥선 대원군의 명령으로 한양과 강화, 경주, 부산, 홍성 등 전국 곳곳에 세운 비석입니다. 척화란 화친하는 일을 물리친다는 뜻으로 비석에 새긴 내용은 다음과 같습니다. "서양 오랑캐가 침략하는데 싸우지 않는 것은 화친(서로 친하게 지냄)하는 것이고, 화친을 주장하는 것은 나라를 팔아먹는 것이다." 서양 나라들에 대한 경계심을 풀지 말고 나라 문의 빗장을 더욱 단단하게 걸자는 것이었습니다.

●척화비

강화도 조약
江華島條約

강화도 조약은 1876년 조선과 일본 사이에 맺어진 불평등 조약(나라 사이에 맺는 약속)입니다. 1875년 일본은 군함 운요호를 보내 강화도를 공격한 일이 있었습니다(운요호 사건). 그러나 일본은 오히려 조선이 먼저 운요호를 공격했다며 이에 대한 사과와 통상을 요구하고 나섰지요. 1876년 일본은 6척의 군함과 8백여 명의 병사들을 보내 조선을 위협하면서 강제로 조약을 체결하게 했습니다.

이 조약은 조선이 일본을 위해 3개의 항구를 열고, 일본은 마음대로 조선의 해안을 측량할 수 있으며, 조선에서 일본인이 범죄를 저질렀을 때는 일본 법률에 따라 처벌하게 하는 등 매우 불평등한 내용을 가지고 있었어요. 강화도 조약의 결과 조선은 일본 제국주의의 식민지가 되는 첫걸음을 내딛게 되었습니다.

임오군란
壬午軍亂

임오군란은 1882년 서울의 군인과 서민들이 일으킨 폭동입니다. 월급이 체납되다 13개월 만에 쌀겨와 모래로 가득한 월급을 받자 분노한 무위영 군인들로부터 시작되어 가난한 백성들로까지 번지게 되었습니다. 이 무렵 나라의 권력은 고종의 왕비인 민비와 그 친척들이 쥐고 있었는데, 만여 명으로 불어난 군인과 백성들은 부정부패한 관리들을 죽인 뒤 민비까지 잡으려 했지만 뜻을 이루지 못했습니다. 결국 이들은 민비의 요청으로 조선에 들어온 청나라 군대에 의해 모두 진압되었습니다.

이걸 어떻게 먹으라는 거야?

별기군
別技軍

별기군은 1881년에 일본의 제도를 참고하여 만든 신식 군대입니다. 일본인 장교를 초청하여 교관으로 삼고 주로 양반의 자식들로 80여 명을 선발하여 훈련시켰어요. 이전에 있던 구식 군대는 무위영과 장용영으로 고쳐 운영했지요. 그러나 이들만 차별적으로 좋은 대접을 받은 것이 구식 군인들의 큰 불만을 사서 임오군란이 일어나는 중요한 원인이 되었습니다. 별기군은 1882년 임오군란의 영향을 받아 폐지되었어요.

개화파
開化派

개화란 사람의 지혜가 열려 낡은 것을 새롭게 발전시킨다는 말입니다. 역사에서는 19세기 말, 봉건시대의 낡은 틀에서 벗어나 근대적인 제도와 문물을 가진 나라를 만들기 위한 노력을 말하지요. 개화파는 이런 생각을 가지고 실천하려는 사람들의 모임을 뜻합니다. 1870년대 실학자인 연암 박지원의 손자 박규수와 중인 출신으로 청나라에 자주 오가던 오경석, 유홍기 등으로부터 시작되었고, 이후 양반 출신인 김옥균, 서재필, 박영효, 서광범 등의 젊은이들이 개화파를 이루어 활동했습니다.

우정국
郵政局

우정국은 1884년에 만들어진 근대적인 우편 업무를 맡아보던 관청입니다. 고종의 명령으로 미국을 방문했던 홍영식이 그곳의 우편 제도를 관찰한 뒤 고종에게 건의하여 세워졌습니다. 그러나 그해 12월 4일, 우정국 낙성식(건축물이 완성된 것을 축하하는 행사) 자리에서 갑신정변이 일어나 폐지되고 말았어요.

●경성우체국

갑신정변
甲申政變

갑신정변은 1884년 개화파들이 민씨 세력과 청나라를 몰아내기 위해 일으킨 정변(정치적인 큰 변화가 생겼다는 뜻)입니다. 임오군란 이후 청나라와 가까워진 민씨 세력이 개화를 방해하자 김옥균, 서재필 등 개화파는 일본의 도움을 빌려 이들을 몰아내려 했습니다. 개화파는 우정국 낙성식을 기회로 고종과 왕비를 경우궁에 가두고 개화파 정부를 세웠지요. 그러나 3일 만에 청군의 공격을 받고 정변은 실패로 돌아가고 말았습니다. 비록 실패로 끝났지만 이후 나라의 근대적 개혁에 큰 영향을 미친 사건입니다.

동학농민운동
東學農民運動

동학 농민 운동은 1894년 동학교도들과 농민들이 나라의 개혁과 외세의 침략에 반대하며 일으킨 운동으로, 동학 농민 전쟁, 혹은 갑오년에 일어났다고 하여 갑오 농민 전쟁이라고도 부릅니다. 1894년 전라도 고부에서 일어난 농민 봉기에서 시작되어 전국적인 규모로 발전했습니다. 한때 전주성을 점령하면서 기세를 떨치던 동학 농민군은 청나라 군대와 일본 군대가 조선 땅에 들어오자 잠시 숨을 골랐습니다. 그러나 일본이 청일 전쟁을 일으켜 승리하고 조선에서도 친일파 내각 정부가 들어서자 다시 한 번 무기를 들고 일어섰어요. 하지만 동학 농민군은 서울로 가는 길목인 공주 우금치에서 우수한 무기를 갖춘 일본군과 관군에게 패배해 수십만 명이 희생되었으며, 전봉준, 김개남, 손화중 등 지도자들도 모두 사로잡혀 처형되었습니다. 비록 실패로 끝났지만 동학 농민 운동은 백성의 힘으로 나라의 개혁과 자주적인 근대화를 이루려던 위대한 사건이었습니다.

집강소
執綱所

집강소는 동학 농민 운동 때 농민군이 지방에 세웠던 자치 기구입니다. 1894년 5월 전주성을 점령한 뒤 농민군은 일본에게 침략의 구실을 주지 않으려고 스스로 해산했어요. 이 때 농민군은 조정과 정치의 폐단을 개혁하기로 약속했지만 제대로 이루어지지 않았답니다. 그러자 농민군은 곳곳에 집강소를 설치해 스스로 개혁을 실천해 나갔습니다.

청일 전쟁
清日戰爭

청일전쟁은 1894년부터 1895년까지 조선에 대한 지배권을 놓고 청나라와 일본이 벌인 전쟁입니다. 동학 농민 운동이 일어나자 이를 막을 힘이 없었던 조정은 청나라에 군대를 보내줄 것을 요청했습니다. 청나라는 군대를 보내며 이 사실을 일본에게 알렸지요. 그러자 일본 역시 재빨리 조선에 군대를 보냈고 조선은 두 나라의 전쟁터가 될 위험에 빠졌습니다. 이후 일본은 청군을 기습 공격하며 청일 전쟁을 일으켰고, 1895년 9월 평양 전투에서 전쟁의 승리자가 되었습니다. 이렇게 하여 일본은 조선을 식민지로 삼는 데에 한 걸음 더 나아가게 되었습니다.

●청일 전쟁 당시의 일본군

갑오개혁
甲午改革

갑오개혁은 1894년 개화파 내각이 실시한 근대적 개혁입니다. 동학 농민 운동 때 조선에 들어온 일본군은 경복궁을 점령하고 개화파를 중심으로 한 새로운 내각을 세웠습니다. 이 내각은 조선의 낡은 제도를 근대적으로 바꾸기 위해 여러 가지 정책을 실시했어요. 특히 수백 년 동안 계속되어 온 신분 제도를 없애고 과부의 재혼을 허가하는 등 동학 농민들의 여러 요구 사항들을 받아들였지요. 그러나 일본에 휘둘린 개혁은 오히려 나라를 더욱 식민지화의 위기로 빠뜨리는 결과를 가져오기도 했답니다.

을미사변
乙未事變

1895년(을미년) 일본에 의해 왕비 민씨(민비)가 살해당한 사건입니다. 민비는 청일 전쟁 이후 러시아의 힘을 빌려 일본을 견제하려고 했어요. 그러자 한반도 내에서 세력을 뺏길 것을 두려워 한 일본은 불량배 50여 명으로 궁궐에 침입하여 민비를 잔인하게 살해하고 시체는 불에 태워 없앴습니다.

단발령
斷髮令

단발령은 1895년 백성들에게 상투를 자르도록 한 명령입니다. 을미사변 이후 들어선 친일파 내각이 여러 개혁 정책 중의 하나로 내렸지요. 고종 역시 제일 먼저 상투를 잘라 모범을 보였습니다. 그러나 '우리 몸의 모든 것은 부모에게서 받은 것이니 함부로 다뤄서는 안 된다'라는 유교의 가르침에 젖어 있던 백성들은 이러한 강제적인 조치에 크게 반발했습니다. 이 때문에 전국적으로 단발령에 반대하는 의병이 일어나기도 했습니다(을미의병).

아관파천
俄館播遷

아관파천은 1896년 고종과 세자가 을미사변 이후 생명의 위협을 느끼고 러시아 공사관으로 피신한 사건입니다. 1897년 2월 다시 궁궐로 돌아오기까지 러시아 공사관에 1년 동안 머물렀습니다. 이 사건을 계기로 친일파 내각이 무너지고 친러파 내각이 들어섰지요. 이렇게 하여 일본의 입김은 줄어들었지만 그 대신 러시아의 힘이 커졌습니다. 러시아와 다른 서구 열강들은 조선 왕실을 일본으로부터 보호해주겠다는 구실로 철도와 광산 등 조선 내의 여러 가지 이권을 빼앗아갔습니다.

독립 협회
獨立協會

독립 협회는 1896년 갑신정변 뒤 미국에 망명했던 서재필이 귀국하여 설립한 단체입니다. 청나라 사신들이 드나들던 영은문을 헐고 그 자리에 독립문을 세워 자주독립의 의지를 나타내는 한편, 조선을 근대적인 사회로 개혁하기 위한 활동을 벌여 나갔답니다. 독립 협회는 우리나라 최초의 근대적인 사회 정치 단체입니다.

독립신문
獨立新聞

독립신문은 1896년 4월 서재필이 창간한 신문입니다. 총 4면 중 3면은 한글, 1면은 영어로 발간해서 우리나라 최초의 순 한글 신문이자 영자 신문이기도 하지요. 국민의 애국심과 자주 독립 정신을 드높이고 나라 안팎의 소식을 전해 국민들이 세상 돌아가는 모습을 알 수 있도록 했습니다.

●독립신문 《독립신문》은 당시 민중의 계몽에 큰 역할을 한 신문으로, 대중이 읽기 쉽도록 한글로 만들어졌으며 동시에 영문판으로도 나와 우리의 소식을 알리는 데도 힘썼다.

만민 공동회
萬民共同會

만민 공동회는 모든 사람이 함께 하나가 되는 모임이라는 뜻으로 1898년부터 서울의 시민, 상인, 지식인 등 많은 사람들이 개최했습니다. 신분과 직업에 관계없이 모든 사람들이 연단에 올라 나라의 문제점과 앞으로 나아가야 할 방향에 대해 자신의 생각을 밝힐 수 있었지요. 수만 명이 모여 자주 독립, 정치, 사회, 인권 등 모든 문제를 다루었으며 나중에는 의회 설립 문제까지 주제가 되었습니다. 그러나 이러한 움직임을 왕권에 대한 위협으로 생각한 고종은 보부상들이 중심이 된 황국 협회를 조종하여 강제로 해산시켰습니다.

대한 제국
大韓帝國

대한 제국은 1897년 나라와 왕실의 위엄을 되살리고 나라의 자주 독립 의지를 세계에 알리기 위해 바꾼 나라의 이름입니다. 대한이란 역사 속의 마한, 진한, 변한의 삼한을 하나로 통합했다는 뜻이며, 제국이란 황제의 나라라는 뜻입니다. 고종은 1897년 10월 12

일 환구단(하늘에 제사를 지내는 장소)을 쌓고 황제 즉위식을 열었습니다. 그러나 대한 제국은 1910년 8월 22일 일제의 강제 합병으로 무너졌습니다.

화륜거
火輪車

화륜거는 불을 떼서 바퀴를 굴리는 수레라는 뜻으로 기차를 가리키는 옛 말입니다. 1876년 강화도 조약이 맺어진 뒤 일본에 사신으로 간 김기수가 처음 타본 뒤, "우레와 번개처럼 달리고 바람과 비 같이 날뛴다"라고 말했습니다. 화륜거가 달리는 철도로는 1899년 우리나라에서 처음으로 운행된 철도이자, 노량진−제물포를 잇던 경인선이 있습니다. 그밖에 1905년 개통된 서울−부산 간의 경부선, 1906년 완공된 서울−의주 사이의 경의선도 있습니다. 이들 철도는 러일 전쟁을 비롯하여 일본이 우리나라를 침략하는 데 쓰기 위해 놓은 것이었지요. 이 때문에 철도와 기차는 의병의 공격 목표가 되는 등 우리 민족의 거센 저항을 받기도 했습니다.

원산 학사, 육영 공원, 이화 학당
元山學舍, 育英公院, 梨花學堂

원산 학사는 1883년 함경도 원산에 세워진 우리나라 최초의 근대 학교입니다. 이 무렵 원산은 일본의 요구로 개항된 뒤 일본인의 활동이 활발하던 곳이었습니다. 원산의 주민들은 일본의 침략에 맞서기 위해 모금 운동을 벌여 2백 50여 명이 공부할 수 있는 원산 학사를 세웠지요. 또 우리나라 최초의 관립 학교(정부나 관청에서 세운 학교)로는 1886년 설립된 육영 공원이 있습니다. 서양의 문물을 받아들이기 위한 영어 교육이 중요한 목적으로, 정부의 높은 관리나 그 자식들을 위해 세워진 학교였습니다. 이밖에도 1886년 미국의 선교사 스크랜턴 부인이 설립한 우리나라 최초의 근대적 여성 교육 기관인 이화 학당도 있습니다.

박문국,
전환국
博文局,
典圜局

박문국은 대한제국 시대에 신문, 잡지의 편찬과 인쇄를 맡아보던 기관입니다. 우리나라 최초의 근대 신문인 《한성순보》를 발행했지요. 1883년 세워졌다가 갑신정변 이후 폐지되었는데 이후 1885년에 다시 설치되었습니다. 전환국은 우리나라 최초로 근대적인 화폐를 찍어내던 기관이었습니다. 1884년부터 금화와 은화, 백동화 등을 찍어냈지요. 이밖에 청나라 기술자를 불러들여 세운 근대적인 무기 제조 공장인 기기창, 1885년 미국인 선교사 알렌에 의해 세워진 최초의 서양식 의료 기관 광혜원 등이 이 무렵 나타난 대표적인 근대적 시설입니다.

소학교
小學校

소학교는 오늘날의 초등학교와 비슷한 근대적인 초등 교육 기관입니다. 1885년에 설치되어 1906년까지 조선 사람을 위한 초등 교육을 실시했지요. 일본의 침략이 거세지던 1906년 보통학교로 이름이 바뀌었다가 1938년부터 다시 소학교가 되었습니다. 1941년에는 일제에 의해 국민학교로 이름이 바뀌어 1996년까지 사용되다가 이후 지금의 초등학교가 되었습니다.

러일 전쟁
露日戰爭

러일 전쟁은 1904년부터 1905년까지 조선과 만주에 대한 지배권을 놓고 러시아와 일본이 벌인 전쟁입니다. 1904년 일본이 러시아의 해군 기지가 있던 뤼순 항을 공격함으로써 시작되었습니다. 일본은 서울에도 군대를 보내 대한 제국이 러시아와 맺은 모든 조약과 이권을 취소하도록 했지요. 이후 일본은 만주에서 러시아군 22만 명을 꺾고, 1905년에는 러시아의 발틱 함대를 물리쳐 전쟁을 승리로 이끌었어요. 이 전쟁의 결과 일본은 조선을 식민지로 삼는 일에 한걸음 더 다가가게 되었습니다.

을사조약
乙巳條約

을사조약은 1905년 러일 전쟁에서 승리한 일본이 대한 제국의 외교권을 빼앗기 위해 강제로 체결한 조약입니다. 한일협상조약, 을사보호조약이라고도 부르지요. 이해 11월 일본 천황의 명령을 받은 이토 히로부미는 고종을 협박하여 조약을 체결하려 했습니다. 그러나 고종이 끝까지 이를 거부하자 학부대신 이완용, 군부대신 이근택, 내부대신 이지용, 외부대신 박제순, 농상공부대신 권중현 등 이른바 을사오적(을사년에 나라를 판 다섯 도적이라는 뜻)이라 불리는 친일파 대신들의 협조 속에 조약을 체결했습니다. 조약의 대표적인 내용은 다음과 같습니다.

※ 조선의 외교는 일본 외무성이 지휘한다.

※ 조선 정부는 일본 정부의 허락 없이는 다른 나라와 조약을 체결할 수 없다.

※ 조선 황제 밑에 일본인 통감 1명을 두어 조선의 외교에 관한 일을 맡게 한다.

이로써 대한 제국은 점점 일본의 식민지가 되어 갔습니다.

헤이그 밀사 사건

헤이그 밀사 사건은 1907년 고종이 네덜란드 헤이그에서 열리는 만국 평화 회의에 밀사를 보내 독립을 호소하려고 했던 사건으로, 헤이그 특사 사건이라고도 합니다. 이때 고종은 이상설, 이준, 이위종 세 사람을 40여 개국 225명이 참석하는 만국 평화 회의에 보내 을사조약이 무효라는 사실을 밝혀 빼앗긴 국권을 회복하려 했습니다. 하지만 일본의 방해와 서구 열강들의 외면으로 사신들은 회의에 참석조차 하지 못했고, 이를 분하게 여긴 이준은 헤이그에서 병들어 죽고 말았습니다. 일본은 이 사건을 구실로 고종을 퇴위시키고 아들인 순종에게 왕위를 잇게 했지요. 또 일곱 가지 내용을 담은 새로운 조약을 체결하게 했는데, 여기에는 대한 제국의 군대를 해산한다는 내용도 포함되어 있었습니다.

●헤이그 밀사 3인(왼쪽부터 이준, 이상설, 이위종)

한일 병합 조약
韓日倂合條約

한일 병합 조약은 1910년 8월 22일 강제로 맺어진 조약으로, 한일 합병 조약, 경술국치(경술년에 나라가 치욕을 당했다는 뜻)라고도 부릅니다. 러일 전쟁과 을사조약 이후 일제는 이미 식민 지배를 위한 준비를 모두 끝내고, 의병들에 대한 대대적인 토벌 작전을 벌여 우리 민족의 마지막 저항마저 무너뜨렸습니다. 1910년이 되자 일제는 육군대신 데라우치 마사타케를 보내 순종을 협박하여 병합 조약을 맺도록 강요했습니다. 순종이 이를 거부하자 데라우치와 총리대신 이완용 사이에 "조선 국왕은 한국에 대한 모든 권리를 일본 천황에게 영원히 양보한다"라는 내용의 조약을 강제로 체결했습니다. 이로써 한국은 이후 35년 동안 일제의 지배 아래로 들어가게 되었습니다.

조선 총독부
朝鮮總督府

조선 총독부는 일제 강점기에 일본이 우리 민족을 다스리던 최고 통치 기관입니다. 내무부, 총무부, 탁지부, 농공상부, 사법부 등 5개 부로 이루어졌으며, 그 밑으로는 취조국, 철도국, 임시 토지 조사국 등을 두었습니다. 조선 총독은 일본 천황의 특별 명령을 통해 조선을 다스렸으며, 반드시 육군이나 해군의 대장이 임명되도록 했습니다. 조선 총독부는 정치, 경제, 사회, 문화, 군사 등 모든 면에서 우리 민족을 가혹하게 탄압하고 수탈하던 기관이었습니다.

●조선 총독부 건물

무단통치
武斷統治

무단 통치는 일제가 한일 병합 조약 이후 1919년 3·1 운동 이전까지 조선을 다스리던 방법입니다. 무단 통치란 군대나 무기의 힘을 빌려 강제로 다스리는 것을 뜻합니다. 일제는 이 방법을 위해 많은 군대를 불러들이고, 또 군대 안에서 활동하는 경찰인 헌병 경찰을 이용했습니다. 일제가 무단 통치를 편 이유는 우리 민족에게 공포 분위기를 느끼게 해 저항할 생각을 품지 못하게 하려는 것이었지요. 무단 통치 아래서 한국인들은 언론의 자유를 비롯한 모든 권리를 빼앗겼습니다. 이 무렵에는 심지어 학교 교사마저도 제복을 입고 칼을 차고 다녀 학생들을 두려움에 떨게 했습니다.

토지 조사 사업
土地調査事業

일제가 1910년대에 식민지 조선의 경제 수탈을 위해 실시한 것이 토지 조사 사업입니다. 토지의 주인과 모양, 크기, 가격 등을 정해진 날짜에 신고하도록 했습니다. 만약 신고하지 않으면 그 땅은 모두 조선 총독부의 차지가 되었지요. 이 사업을 벌인 결과 조선 전체의 땅 중 절반가량이 일제의 차지가 되었습니다. 또 일제는 신고된 토지에 대해서는 철저하게 토지세를 매겨 거두어 갔습니다. 땅을 빼앗기고 무거운 세금에 시달리게 된 조선 농민들은 농사를 포기한 채 도시로 나가거나 연해주, 만주, 미주 등지로 이민을 떠나게 되었습니다.

동양 척식 주식회사
東洋拓殖 株式會社

동양 척식 주식회사는 1908년 일제가 일본 농민들의 조선 이주를 목표로 세운 회사입니다. 총독부는 토지 조사 사업으로 빼앗은 땅을 동양 척식 주식회사에 넘겨 일본 농민들에게 싼값으로 넘겨주었습니다. 이 때문에 많은 일본 농민들이 조선에 와서 땅 주인이 되었지요.

●동양 척식 주식 회사

산미 증식 계획
産米增殖計劃

산미 증식 계획은 1920년대에 일제가 조선에서의 쌀 생산을 늘리고 이를 일본으로 가져가기로 한 계획입니다. 1918년 일본은 본토에서 쌀이 부족해 폭동까지 일어나자 조선에서 쌀을 수입해 모자라는 양을 채우려 했습니다. 이를 위해 쌀 품종 개량, 비료 생산량 늘리기, 수리 시설 정비 등 여러 가지 일을 벌였지만 생산량은 크게 늘지 않았습니다. 그런데도 쌀은 늘어난 것보다 훨씬 많은 양을 일본으로 가져가서 조선에서는 쌀이 부족하게 되었습니다. 더구나 이 일을 위해 들어가는 비용까지 조선인들이 부담하게 하여 우리 민족은 이중으로 고통을 겪게 되었습니다.

회사령
會社令

회사령은 1910년 일제가 우리 민족의 자본 성장과 공업 발전을 막기 위해 내린 명령입니다. 일제는 한반도를 통해 일본 산업을 위한 원료를 생산하게 하고 이것으로 만든 상품을 파는 시장으로 삼으려 했습니다. 이 때문에 조선에서 여러 회사가 생기고 공업이 발달하는 것을 원하지 않앉지요. 회사령은 조선에서 회사를 세울 때는 반드시 총독부의 허가를 받아야 하고, 이를 어기면 최고 5년의 징역형을 내릴 수 있게 했습니다.

간토 대지진
關東大地震

1923년 9월 일본 간토 지방에서 일어난 대지진을 간토 대지진이라고 합니다. 수많은 사람이 숨지고 건물이 무너지는 등 피해가 발생하고 사회의 혼란이 심해지자 일본 정부는 '조선인이 우물에 독약을 풀었다', '조선인이 폭동을 일으킬 계획을 세우고 있다'는 등의 거짓 소문을 퍼뜨려 혼란의 책임을 우리 동포들에게 떠넘겼습니다. 그 결과 간토 지방에 살고 있던 수천 명가량의 우리 동포들이 학살당하고 말았습니다.

중일 전쟁
中日戰爭

중일 전쟁은 1937년 7월 중국과 일본 사이에서 벌어진 전쟁입니다. 이 무렵 두 나라는 북경 부근의 노구교라는 다리를 사이에 두고 맞서고 있었습니다. 그런데 일본은 훈련 도중 실종된 병사 한 명을 찾겠다며 중국군을 공격하여 전쟁을 일으켰습니다. 하지만 실종되었다던 병사는 20분 만에 일본군 진지로 돌아온 상태였지요. 이것은 전쟁을 일으키기 위해 일본이 꾸민 음모였습니다.

태평양 전쟁
太平洋戰爭

중일 전쟁에서 별다른 결과를 얻지 못한 일본은 태평양 지역 전체를 점령하여 풍부한 자원을 빼앗으려 했습니다. 그러나 이 지역은 이미 미국, 영국, 네덜란드 등이 식민지를 거느린 상태여서 이들 나라와의 전쟁이 필요했지요. 일본은 1941년 12월 7일, 미국 하와이의 진주만에 있는 해군 기지를 공격하여 태평양 전쟁을 일으켰습니다. 그러나 1945년 8월 미국이 원자폭탄 두 발을 일본 본토에 투하함으로써 일본은 무조건 항복을 선언하게 되었습니다. 이로써 8년을 끌어오던 중일 전쟁도 함께 끝나게 되었고 우리 민족도 해방을 맞았습니다.

강제 동원
强制動員

강제 동원은 중일 전쟁과 태평양 전쟁을 일으킨 일제가 노동력을 얻기 위해 우리 민족을 강제로 끌고 간 일을 말합니다. 강제 동원된 이들은 일본, 사할린, 남태평양의 섬 등에서 탄광이나 군사 기지를 짓는 일을 해야 했습니다. 또 12~40세의 결혼하지 않은 여성 중에서 어린 처녀들은 강제로 차출되어 '위안부'라는 이름의 일본군 성노예로 살기도 했습니다. 이렇게 끌려간 사람은 군인과 민간인을 합해 37만 명, 국내외에서 노동자 192만여 명, '일본군 위안부' 10만여 명, 조선 안에서 동원된 사람은 총 4백만 명에 이를 정도였습니다.

항일 의병 운동
抗日義兵運動

항일 의병 운동은 일제의 침략에 맞서 일반 국민들이 자발적으로 병사가 되어 싸운 일입니다. 몽골에 맞선 고려 의병, 임진왜란 때 일본군에 맞선 의병 운동의 전통이 이 무렵에도 되살아났습니다. 1895년 을미사변과 단발령을 계기로 일어난 을미 의병, 1905년 을사조약 체결 이후 일어난 을사 의병, 1907년 헤이그 밀사 사건 이후 고종의 퇴위 사건을 계기로 일어난 정미 의병이 대표적입니다. 특히 정미 의병 때는 해산된 대한 제국의 군인들이 의병에 참여하여 더욱 강한 전투력을 갖게 되었습니다. 그러나 1910년까지 계속된 일제의 의병 대토벌 작전으로 의병 운동은 실패하고 살아남은 사람들은 만주, 연해주로 건너가 독립군 활동을 계속하게 되었습니다.

●의병의 모습

애국 계몽 운동
愛國啓蒙運動

애국 계몽 운동은 1905에서 1910년 사이에 일어났으며, 국권 회복과 근대 국가 건설을 위해 나라를 사랑하고 우리 민족을 가르치고 깨우쳐 실력을 기르자고 호소한 운동입니다. 개화파를 계승한 지식층과 대한 제국의 애국적인 관리 등이 이끌었습니다. 이들은 민족의 실력을 기르기 위해 교육 산업과 언론 활동, 생산을 늘리고 산업을 일으키기 위한 경제 활동을 벌여 나갔습니다. 운동이 벌어지는 동안 평양의 대성 학교, 정주의 오산 학교 등 3,000여 개의 학교를 세우고, 《대한매일신문》, 《황성신문》, 《만세보》 등의 신문, 잡지를 발행하여 국민을 깨우치기 위해 힘썼지요. 또 일제에게 진 나라 빚을 갚기 위해 반찬값, 담뱃값을 아껴 돈을 모으자는 국채 보상 운동을 벌이기도 했습니다. 그러나 이런 활동은 일제의 방해로 큰 성과를 거두지 못했습니다.

대한매일신보
大韓每日申報

대한매일신보는 1904년에서 1910년 사이에 발행된 일간신문으로, 영국 《런던 데일리 뉴스》의 기자인 어니스트 베델(한국식 이름은 배설)이 취재를 위해 한국에 왔다가 계몽 운동가 양기탁을 만나 세웠습니다. 외국인인 베델이 신문사를 이끌었기 때문에 일제도 함부로 건드리지 못했지요. 이를 이용해 이 신문에는 일제의 침략과 친일 세력을 비판하는 기사가 많이 실렸습니다. 또 애국 계몽 운동을 이끌고, 순 한글판 신문을 통해 부녀자들과 일반 국민들의 민족의식을 높이는 데도 크게 이바지했습니다. 1910년 한일병합 뒤 폐간되었습니다.

국채 보상 운동
國債報償運動

국채 보상 운동은 일제에게 진 나라 빚 천 3백여만 원을 국민 성금으로 갚으려 했던 운동입니다. 1907년 대구에서 김광제, 서상돈 등이 시작하여 전국으로 퍼져 나갔습니다. 당시 대한 제국 정부의 1년 예산이 천만 원 정도였으므로 천 3백만 원은 엄청나게 큰돈이었습니다. 무능력한 정부가 이 돈을 갚지 못하고 일본에 대해 경제적 예속(남의 지배나 간섭에 얽매임)이 심해지자 국민들이 나서서 경제적 자립을 이루려고 한 것이지요. 3개월 동안 남자들은 담배를 끊고 여성들은 반찬값을 아껴 6백여 만

원을 모았지만 일제의 방해로 끝내 실패하고 말았습니다.

신민회
新民會

신민회는 1907년 안창호, 양기탁 등 독립운동가 8백여 명이 국권 회복을 위해 비밀리에 만든 조직입니다. 교육 사업과 언론 활동, 경제 자립 운동을 벌이는 한편, 독립 전쟁을 통해 나라를 되찾을 것을 결정하고 해외에 독립 운동 기지를 건설했습니다. 그러다가 1911년 일제 경찰의 수사가 시작되어 105명이 감옥에 갇히고 신민회는 해체되고 말았습니다.

민족 자결주의
民族自決主義

민족 자결주의는 어떤 민족이든 자신의 일은 스스로 결정할 수 있는 권리가 있다는 주장입니다. 자결(自決)이란 스스로 결정한다, 주의(主義)는 어떤 일에 대한 뚜렷한 생각이나 주장을 말합니다. 전 세계 열강들이 식민지를 놓고 벌인 제1차 세계대전이 끝나갈 무렵, 미국의 대통령 우드로 윌슨이 처음으로 주장했습니다. 이 무렵 식민지 상태였던 국가나 민족들은 이 생각을 크게 환영하여 독립 운동을 활발하게 벌여나갔고, 우리 민족 역시 민족 자결주의에 영향을 받아 3·1운동을 일으켰습니다. 그러나 실제로 미국, 영국 등 강대국들이 생각하던 민족 자결주의는 모든 식민지에 해당하는 것이 아니라, 제1차 세계 대전에서 패배한 독일, 오스트리아, 터키 등이 지배하던 식민지를 해방시켜 주는 것일 뿐이었습니다.

2·8독립 선언
二八獨立宣言

2·8 독립 선언은 1919년 2월 8일 일본의 수도 도쿄에서 우리 유학생 4백~6백여 명이 독립을 선언한 사건입니다. 이들은 "최후의 한 사람까지 조선의 독립을 위해 싸운다"라고 선언한 뒤 60여 명이 경찰에 체포되었습니다. 이 소식은 국내에도 알려져 3·1 운동이 일어나는 데 큰 영향을 미쳤습니다.

3·1운동
三一運動

3·1운동은 1919년 3월 1일, 일제의 식민지 지배에 맞서 우리 민족이 일으킨 독립 운동입니다. 민족 자결주의와 2·8 독립 선언 등에 영향 받아 전 민족이 나서서 일제와 싸운 사건이지요. 기미년에 일어났다고 해서 기미 독립 운동이라고도 부릅니다. 천도교, 기독교, 불교 등 종교계 대표를 중심으로 한 민족 대표 33인이 불씨를 놓았고, 청년 학생과 시민들이 앞장서면서 전국으로 퍼져 나갔습니다. 이러한 흐름은 해외로도 퍼져 나가 만주(중국), 연해주(러시아), 미국 등에서도 우리 동포에 의한 독립 투쟁이 벌어졌습니다. 일제는 3·1 운동을 무력으로 억눌렀고 그

●기미 독립 선언문

과정에서 수많은 희생자가 생겼습니다. 나중에 실시한 일본의 조사에서도 3개월 동안 무려 7천 5백여 명이 숨지고 1만 5천여 명이 부상당한 것으로 나왔습니다. 비록 일제의 무력 앞에 무릎을 꿇고 말았지만, 3·1운동은 우리 민족의 독립 의지를 세계만방에 떨친 사건이었습니다.

대한민국 임시 정부
大韓民國 臨時政府

대한민국 임시 정부는 3·1 운동이 일어난 지 약 한 달 만인 1919년 4월 13일 중국 상하이에 세워진 임시 정부입니다. 임시 정부란 일제로부터 해방되기 전까지 국민과 독립운동을 이끌기 위해 임시로 세운 정부라는 뜻이지요. 상하이의 임시 정부는 1919년 9월, 러시아에 세워진 대한 국민 의회, 국내에서 탄생한 한성 임시 정부와 합쳐 정식으로 대한민국 임시 정부를 이루게 되었습니다. 임시 정부는 대한민국이라는 국호를 정하고, 의회와 행정부, 사법부로 이루어진 민주 공화제(국민이 주인이 되어 모두가 함께 나라를 이끌어가는 제도)를 나라의 기본 이념으로 정했습니다. 또 독립군 활동과 독립을 위한 외교 활동을 벌이는 등 1945년 해방의 그날까지 일제에 맞서 싸워 나갔습니다.

무장 독립 운동
武裝獨立運動

무장 독립 운동은 무기를 들고 일제와 싸워 독립을 이루려 했던 운동입니다. 1910년대 초부터 일제의 탄압을 피해 만주, 연해주로 이주했던 우리 동포들은 무장 독립 운동을 벌일 계획을 세우고 있었습니다. 이를 위해 독립군을 위한 기지를 만들고 독립 전쟁을 위한 준비를 차근차근 해나갔습니다. 1919년 3 · 1 운동 이후에는 무장 독립 운동의 열기가 뜨거워졌고, 국경을 넘어 우리 땅 안에 있는 일본군을 공격해 큰 피해를 입히기 시작했습니다. 1920년대 초반 활발했던 무장 독립 운동은 일제의 토벌 작전으로 한동안 숨을 죽였다가 1930년대에 다시 기지개를 폈습니다. 이때 독립군은 한국광복군, 조선혁명군 등으로 이어져 해방의 그날까지 치열한 투쟁을 벌여 나갔습니다.

● 일제에 맞서 싸운 광복군들

봉오동 전투
鳳梧洞戰鬪

봉오동 전투는 1920년 6월 만주 봉오동 지역에서 독립군이 일본군을 크게 이긴 싸움입니다. 국경을 넘어 공격해 오는 독립군 때문에 큰 피해를 입은 일본군은 수많은 병사들을 만주로 보내 토벌 작전을 펼치려 했습니다. 그러나 오히려 홍범도, 최진동 장군이 이끄는 독립군은 이들을 봉오동의 깊숙한 골짜기로 끌어들여 크게 격파했습니다. 이때 일본군은 1백여 명이 죽고 3백여 명이 부상당하는 등 비참한 패배를 당했습니다.

청산리 대첩
靑山里大捷

청산리 대첩은 1920년 10월에 백두산 부근의 청산리에서 김좌진, 홍범도 장군 등이 이끄는 독립군이 일본군에게 크게 이긴 싸움입니다. 일제는 봉오동 전투에서의 패배를 복수하기 위해 또 다시 대부대를 보냈습니다. 그러나 청산리의 지리를 잘 알고 있던 독립군은 귀신같은 작전을 펼쳐 10여 차례의 전투 끝에 일본군 1천 2백여 명을 사살했습니다. 이 승리는 일제에 맞선 우리 민족이 거둔 최대의 승리입니다. 3 · 1운동의 패배로 실의에 잠겨 있던 우리 민족은 청산리 대첩으로 큰 용기와 힘을 얻게 되었습니다.

● **청산리의 독립군** 청산리 대첩에서 이긴 독립군들이 승리를 기념하고 있다.

의열단
義烈團

의열단은 일제의 관리와 친일파들을 암살하고, 조선 총독부나 동양 척식 주식회사 등 일제의 식민지 통치 기관을 파괴하기 위해 만든 단체입니다. 1919년 11월에 만들어졌으며, 의열단이란 이름은 정의롭고 맹렬하게 싸우는 단체라는 뜻입니다. 1920년의 부산 경찰서, 밀양 경찰서 공격, 1921년의 조선 총독부 공격, 1923년의 종로 경찰서 공격, 1926년의 동양 척식 주식회사, 식산 은행 공격 등이 의열단이 벌인 대표적인 사건이었습니다.

한인 애국단
韓人愛國團

한인 애국단은 1931년에 임시 정부가 만든 독립 운동 단체로서 의열단과 비슷한 활동을 벌였습니다. 1932년 1월 이봉창 의사가 도쿄의 사쿠라다몬에서 일본 천황을 공격한 사건, 4월 상하이 홍커우 공원에서 윤봉길 의사가 일본군의 행사에 도시락 폭탄을 던진 일은 한인 애국단이 벌인 대표적인 사건이었지요. 이와 같은 한인 애국단의 활동은 독립 운동에 새로운 활기를 불어넣었습니다. 또 이 사건들에 감명을 받은 중국 정부와 손을 잡게 됨으로써 임시 정부의 활동은 더욱 활발하게 이루어질 수 있게 되었어요.

조선어 학회 사건
朝鮮語學會事件

조선어 학회는 1908년 국어 연구 학회라는 이름으로 출발했다가 1931년 이름을 바꾼 한글 연구 단체입니다. 이 단체는 우리 말글 연구를 통해 민족의 얼을 지키는 것을 목적으로 했지요. 이를 눈치 챈 일제는 조선어 학회에서 일하던 33명의 학자들을 체포해 고문한 끝에 조선어 학회가 국어연구가 아니라 독립 운동을 하는 곳이라는 거짓 자백을 받아냈습니다. 일제의 수사 과정에서 한글학자 이윤재, 한징이 감옥 안에서 숨지고, 10여 명은 2~6년 동안 감옥살이를 하게 되었습니다. 이후 조선어 학회는 해산당하고 학자들이 펴내고 있던 『조선말 큰사전』의 원고도 행방불명되었습니다. 다행히도 이 원고는 해방 뒤 서울역 창고에서 발견되어 간신히 출판되었고, 조선어 학회는 한글 학회로 이름을 바꿔 지금까지 활동하고 있습니다.

민족 말살 정책
民族抹殺政策

말살이란 아주 없애 버린다는 뜻으로, 민족 말살 정책은 일제가 식민지 지배를 영원히 계속하기 위해 우리의 민족성을 없애기 위해 펼쳤던 정책입니다. 일제는 이를 위해 조선어 교육을 폐지하고 일본어만을 사용하도록 했지요. 또 《동아일보》《조선일보》《문장》 등의 한글 신문과 잡지를 모두 없애버렸습니다. 이밖에도 창씨 개명을 통해 한국식 이름을 버리고 일본식 성과 이름을 사용하도록 했으며, 일본 천황에 대한 충성심을 강제로 심어 주기 위한 여러 가지 일들을 벌여 나갑니다. 특히 태평양 전쟁에서 불리해진 일본은 우리 민족을 전쟁터로 내몰기 위해 민족 말살 정책을 더욱 강하게 펼쳐 나갔습니다.

●민족 말살 정책

신사 참배
紳士參拜

신사 참배는 일제가 우리 민족을 일본 천황의 충성스러운 백성으로 만들기 위해 강요했던 일 중 하나입니다. 신사란 일본의 조상신과 일본을 위해 죽은 사람들의 영혼을 모아놓은 사당을 말하고, 참배란 추모하는 마음을 지니고 절을 한다는 뜻이지요. 1930년대 중반 우리나라 안에는 약 천여 개의 신사가 세워졌고, 일제는 우리 민족에게 강제로 참배를 하게 했습니다.

황국 신민 서사
皇國臣民誓詞

황국 신민 서사란 천황의 나라에 사는 신하와 백성이 드리는 충성의 말씀이라는 뜻입니다. 일제는 한국 민족을 말살하고 충성심을 강요하기 위해, 학교, 직장의 조회 시간이나 온갖 모임을 가질 때마다 강제로 황국 신민 서사를 외치게 했지요. 황국 신민 서사의 내용은 다음과 같습니다.

※ 우리들은 대일본제국의 신하와 백성입니다.

※ 우리들은 마음을 합하여 천황 폐하께 충성을 다합니다.

※ 우리는 괴로움을 참고 몸과 마음을 닦아 훌륭하고 씩씩한 사람이 됩니다.

창씨개명
創氏改名

일제가 실시한 일제가 실시한 민족 말살 정책 가운데 하나로, 창씨란 씨를 새롭게 만드는 것을, 개명이란 이름을 바꾸는 것을 말합니다. 일제는 1940년부터 우리식 성과 이름을 일본식으로 바꿀 것을 강요했습니다. 이를 거부하면 자녀들의 입학과 상급 학년으로의 진학을 막았고, 직장에 다니는 사람은 해고를 하거나 식량이나 물자를 배급을 해주지 않는 등 큰 불이익을 주었습니다. 우리 민족은 창씨개명을 거부하고 자살을 하거나, 엉터리 이름을 지어 일제를 비웃는 등 다양한 방법으로 저항했지만 결국 80퍼센트 가량이 창씨개명을 받아들일 수밖에 없었습니다.

용어편

6

분단과 독재를 딛고
일어서는 대한민국

건국 준비
위원회
建國準備委員會

1944년 독립운동 지도자 여운형은 독립운동과 해방을 준비하며 국내에 건국 동맹이라는 단체를 만들었습니다. 이 단체는 1945년 8월 15일 해방이 되자 건국 준비 위원회로 발전했지요. 건국 준비 위원회는 8월 말 전국에 145개 지부를 만들고 다음과 같은 목표 아래 활동했습니다.

※ 완전한 자주 독립 국가를 세운다.

※ 국민의 기본권을 실현하기 위한 민주주의 정부를 세운다.

※ 해방 이후의 혼란을 극복하고 국민들의 생활을 보호한다.

그러나 1945년 9월 남한에 들어온 미군은 건국 준비 위원회를 인정하지 않았습니다.

소련
蘇聯

소련은 1917년 건국되어 1991년 멸망한 사회주의 국가입니다. 정식 명칭은 소비에트 사회주의 공화국 연방으로 줄여서 소련으로 부릅니다. 러시아, 우크라이나, 우즈베키스탄, 카자흐스탄, 아제르바이잔 등 15개 나라가 연방(자치권을 가진 여러 나라가 손을 잡고 하나의 나라를 이루는 것)을 이루었습니다. 자본주의 국가 중 가장 강대국인 미국과 치열한 경쟁을 벌였지요. 그러나 점차 경쟁에서 뒤처지다가 동유럽의 다른 사회주의 국가들과 앞서거니 뒤서거니 멸망하고 말았습니다. 지금은 소련을 이뤘던 여러 나라가 독립하여 각기 하나의 나라를 이루고 있습니다.

38선
三八線

38선은 미국과 소련이 우리 땅에 남아 있던 일본군을 처리하기 위해 북위 38도를 기준으로 그은 임의의 경계선입니다. 북한 지역은 소련이, 남한 지역은 미군이 각각 일본군으로부터 항복을 받아내고 그들을 일본으로 돌려보내기 위한 것이었지만, 제2차 세계 대전 이후 치열한 경쟁을 벌일 두 나라가 한반도 내에서 힘의 균형을 맞추기 위한 것이기도 했지요. 결국 우리나라는 38선을 경계로 남북 분단이 되었고, 이후 6·25 전쟁까지 치르게 되었습니다. 38선은 휴전 당시 남과 북이 차지하고 있던 땅을 경계선으로 한 모습으로 바뀌어 오늘날까지 남아 있습니다.

미소 군정
美蘇軍政

미소 군정이란 해방 이후 남한과 북한이 각각 미군과 소련군에 의해 통치된 것을 말합니다. 두 나라는 자신들이 점령한 남북한에 자신들에게 유리한 정부를 세우려고 여러 가지 노력을 벌였고, 이것은 결과적으로 우리나라가 분단되는 데 큰 역할을 했습니다.

모스크바 삼상 회의
(모스크바 삼국 외상 회의)

모스크바 삼상 회의는 1945년 12월 소련의 수도 모스크바에서 미국, 영국, 소련의 외상(외무부 장관)이 개최했던 회의입니다. 이 회의는 제2차 세계 대전이 끝난 뒤 처리해야 할 일들을 의논하는 자리였습니다. 이 자리에서 한반도의 운명도 정해지게 되었는데, 세 외상은 다음과 같은 내용을 결의했습니다.

❋ 한국을 독립 국가로 만들기 위해 우선 임시 민주 정부를 세운다.

❋ 한국의 임시 민주 정부를 돕기 위해 미소 공동 위원회를 만든다.

❋ 한국이 독립 국가가 되기 위한 준비를 완전히 갖추기 전까지 미국, 영국, 중국, 소련이 5년 동안 신탁 통치를 실시한다.

신탁 통치
信託統治

신탁 통치란 어떤 나라가 국제 연합의 부탁을 받고서 다른 나라나 지역을 대신 다스리는 것을 말합니다. 모스크바 삼상 회의에서 미국, 영국, 중국, 소련은 한반도를 신탁 통치를 하기로 결정했습니다. 그러나 우리 국민 중 일부는 신탁 통치가 식민지 지배와 다를 것이 없다며 신탁 통치 반대 집회를 열기도 했습니다. 이처럼 신탁 통치에 반대하던 움직임을 신탁 통치 반대 운동(반탁 운동)이라고 부릅니다.

●**신탁 통치 반대 집회** 덕수궁 앞에서 신탁 통치에 반대하는 집회가 열리고 있다.

국제 연합
國際聯合

국제연합(UN, United Nations)은 제2차 세계 대전 이후 국제 평화와 안전, 국가들 사이의 우호와 경제·사회·문화·인권 등에 관한 협력을 위해 만든 기구입니다. 처음에는 51개국이 회원이었지만, 현재는 193개국이 회원국이지요. 남북은 1991년에 동시에 가입했습니다.

미소 공동 위원회
美蘇共同委員會

미소 공동 위원회는 한국에서 임시 민주 정부를 세우는 일을 돕기 위해 미군과 소련군의 대표가 회의를 열던 모임입니다. 모스크바 삼상 회의의 결정에 따라 만들어졌지요. 1946년 초, 첫 회의가 열렸지만 두 나라 모두 자기 나라에 우호적인 정부를 세우는 일에만 관심을 보여 1년여 만에 실패하고 말았습니다.

제헌 국회
五十總選擧, 制憲國會

1948년 5월 10일 대한민국 최초의 국회의원 총선거가 실시되었습니다. 미소 공동 위원회가 실패로 끝난 뒤 남북한 문제의 해결은 국제 연합의 손으로 넘어가게 되었는데, 국제 연합은 한반도 전체에서 국회의원 선거를 실시해 새로운 정부를 만들도록 결정한 것입니다. 그러나 남한에 비해 인구가 절반 밖에 안 되어서 선거에 이길 가망이 없었던 북한은 이를 거부했고, 결국 남한 단독으로 선거가 실시하게 되었습니다. 그리고 선거 결과 198명의 국회 의원이 탄생하여 1948년 5월 31일 국회를 열게 되었습니다. 이 국회는 헌법을 제정하는 임무를 맡게 되어 제헌 국회라고 불립니다. 국회는 1948년 7월 17일 대한민국의 헌법을 공포했고, 이에 따라 1948년 8월 15일 이승만이 대한민국 초대 대통령으로 취임하게 되었습니다.

●선거 모습 1948년 5월 10일 남한의 국회 의원 총선거가 실시되고 있다.

조선민주주의 인민공화국

朝鮮民主主義 人民共和國

조선민주주의 인민공화국은 북한의 정식 명칭으로, 1948년 9월 9일 건국되었습니다. 남한에서 1948년 8월 15일 대한민국 정부가 공식적으로 들어서자 북한에서도 기다렸다는 듯 김일성을 지도자로 한 조선민주주의인민공화국을 세웠습니다. 수도는 평양이며 공산주의 국가를 표방하고 있으나, 실제로는 김일성에 이어 아들인 김정일, 손자인 김정은이 권력을 이어가며 독재 정치를 펴고 있습니다. 현재 인구는 2천 4백 90만 명이며, 경제적으로 세계에서 가장 가난한 나라 중 하나입니다.

자본주의, 사회주의, 공산주의

資本主義, 社會主義, 共産主義

자본이란 물건을 만드는 데 필요한 기계나 원료 등을 마련하는 데 드는 비용을 말합니다. 자본주의란 기업가들이 이 자본으로 노동자를 고용해 상품을 만들게 하고, 그것을 팔아 이익을 내는 제도를 말하지요. 서양에서 대략 16세기 무렵부터 발전하기 시작하여 지금에 이르고 있습니다. 현재 미국, 영국, 프랑스, 일본 등 서구의 여러 나라들과 우리나라를 비롯한 전 세계의 많은 나라들이 이 제도를 받아들이고 있지요.

사회주의는 기업가들이 더 많은 이익을 내기 위해 노동자들을 극심한 고통으로 몰아넣자 이런 문제점에 반대하여 나타난 제도입니다. 물건을 생산하고 소비하는 데 필요한 모든 것을 사회 전체의 것으로 만들어 모든 사람이 평등하게 사는 세상을 만들자고 주장했지요.

공산주의는 이러한 사회주의를 더욱 발전시켜 모든 차별이 완전히 사라진 세상을 만들자는 주장입니다.

사회주의–공산주의 국가는 20세기 초 러시아를 시작으로 여러 나라에 퍼져 나갔지요. 그 뒤 70여 년 동안 자본주의와 경쟁했지만 패배하여 지금은 대부분 사라지고 없어졌습니다. 평등을 실현하자는 생각은 좋았지만, 오히려 독재 정치가 극심해지는 등 여러 문제점이 쌓인 결과였습니다.

6 · 25 전쟁
六二五戰爭

6 · 25 전쟁은 1950년 6월 25일, 남북한 사이에서 일어난 전쟁으로 한국 전쟁이라고도 합니다. 중국, 소련의 도움을 얻은 북한의 침공으로 3년 1개월 동안 계속되었습니다. 처음에는 북한이 유리했지만, 국제 연합에서 보낸 16개 나라의 연합군과 국군의 반격으로 현재의 휴전선 부근에서 전쟁을 멈추게 되었습니다. 전쟁의 결과 남한은 2백 30만여 명, 북한은 3백만여 명이 죽거나 다쳤고, 전쟁에 참가했던 국제 연합군은 15만 명, 중국군은 약 백만 명의 인명 피해가 발생했습니다. 전쟁의 결과, 남북한 모두 잿더미가 되어 경제적으로도 엄청난 피해가 발생했고, 남북으로 갈라져 살게 된 이산가족이 천만 명에 이르는 등 전쟁이 남긴 상처는 엄청났습니다.

국제 연합군
(UN군)
國際聯合軍

국제 연합군은 국제 연합의 결정에 따라 남한을 지키기 위해 보내진 16개 나라의 군대를 말합니다. 6 · 25 전쟁에 참가한 국제 연합군 16개 나라는 그리스, 남아프리카 연방, 네덜란드, 뉴질랜드, 룩셈부르크, 미국, 벨기에, 영국, 에티오피아, 캐나다, 콜롬비아, 태국, 터키, 프랑스, 필리핀, 호주입니다. 중국과 소련은 북한을 돕기 위해 전쟁에 참여했습니다.

인천 상륙 작전
仁川上陸作戰

인천 상륙 작전은 1950년 9월 국제 연합군이 맥아더의 지휘 아래 인천에 상륙하여 북한에게 유리하게 진행되던 전쟁 상황을 뒤집은 사건입니다. 6 · 25 전쟁 초기 북한군은 낙동강까지 순식간에 진출하며 엄청난 기세를 떨쳤습니다. 이에 국제 연합군은 인천에 상륙

하여 낙동강에 몰려 있는 북한군의 뒤를 공격한다는 계획을 세웠지요. 마침내 1950년 9월 15일, 국제 연합군은 인천 월미도에 상륙해 26일에는 서울을 되찾았고, 이로 인해 남한과 국제 연합군은 불리하던 전세를 뒤집을 수 있었습니다.

●유엔군 사령관 맥아더 장군
당시 유엔군 사령관인 맥아더 장군이 인천 상륙 작전의 상황을 보고 있다.

휴전 협정
休戰協定

휴전 협정은 국제 연합군과 북한, 중국군 사이에서 6·25 전쟁을 멈추기로 약속한 일입니다. 협정이란 나라 사이에 맺는 조약이나 약속을 말하지요. 1951년 7월부터 승자도 패자도 없이 지루하게 계속되는 전쟁을 멈추기 위한 회담이 열렸는데, 서로의 의견 차이로 수없이 많은 회담을 거친 끝에 1953년 7월 27일 마침내 휴전 협정이 맺어졌습니다. 하지만 휴전이란 전쟁을 잠시 쉰다는 뜻으로 지금도 한국 전쟁은 끝나지 않은 채 계속되고 있는 셈입니다. 지금 남북한 군대가 마주보고 있는 휴전선은 휴전 협정이 시작될 때 서로가 점령하고 있던 땅을 경계선으로 삼은 것입니다.

발췌 개헌
拔萃改憲

발췌 개헌이란 1952년 이승만 대통령이 권력을 계속 지키기 위해 엉터리 개헌(헌법을 고침)을 한 일을 말합니다. 이 무렵 대통령은 국회 의원들의 선거로 뽑도록 되어 있었습니다. 그런데 당시 국회 의원들은 야당이 대부분이어서 이승만이 대통령에 뽑힐 가능성이 거의 없었습니다. 이에 이승만은 대통령 선거를 직선제(국민들의 투표로 대통령을 선출하는 제도)로 바꾸려 했지만 야당 의원들의 반대로 실패했습니다. 그러자 이 대통령은 야당 의원들을 공산주의자로 몰고 군대와 경찰을 동원해 협박하며 개헌안을 억지로 통과시켰습니다. 한번 거부되었던 개헌안의 중요 내용을 발췌(글 가운데 중요한 부분을 뽑음)해서 개헌을 했다고 해서 발췌 개헌이라고 부릅니다. 이승만 대통령의 독재 정치로 민주주의가 훼손되었던 사건 중 하나입니다.

사사오입
개헌
四捨五入改憲

사사오입 개헌은 1954년 이승만 대통령이 권력을 지키기 위해 민주주의를 훼손한 사건입니다. 당시 우리나라의 헌법은 독재 정치를 막기 위해 한 사람이 대통령을 세 번 연속해서 할 수 없도록 돼 있었습니다. 이 내용을 바꾸기 위해서는 전체 국회의원 3분의 2(203명 중 136명)의 찬성이 필요한 상황이었지요. 그리고 투표를 실시한 결과 135표가 나와 개헌안은 부결되었습니다. 그러자 이승만 대통령과 자유당 정부는 원래 국회의원의 3분의 2는 135.3인데 0.3은 소수점으로 한 사람으로 칠 수 없으니, 135표만 받아도 된다고 억지를 쓰기 시작했습니다. 사실은 0.3이 한 사람은 아니지만 반드시 135명보다 많아야 하니 136명이 찬성해야 하는 것이 맞았지요. 그러나 이승만은 수학자까지 내세워 이 개헌을 억지로 밀어붙였습니다. 사사오입이란 반올림의 옛말로 일정한 자릿수에서 4는 버리고 5는 윗 단위로 올리는 일을 말합니다. 사사오입 개헌 역시 이승만의 독재를 위해 민주주의가 희생된 어처구니없는 사건 중 하나였습니다.

3 · 15 부정 선거
三一五不正選擧

3 · 15 부정 선거란 1960년 3월 15일 제4대 정부통령 선거(대통령과 부통령을 뽑는 선거)에서 자유당 정부가 저지른 일을 말합니다. 이 무렵 이승만 대통령이 이끌던 자유당 정부는 부정부패와 독재 정치로 국민의 지지를 거의 잃고 있는 상황이었습니다. 이에 선거에서 질 것을 염려한 자유당 정부는 돈 선거, 폭력 선거, 부정 개표 등 온갖 부정을 저질러 이승만 대통령 후보와 이기붕 부통령 후보를 당선시켰습니다. 하지만 결국 이러한 부정이 드러나, 마산을 비롯하여 전국적으로 국민들의 엄청난 항의 시위가 벌어지게 되었습니다.

4 · 19 혁명
四一九革命

3 · 15 부정 선거에 항의하여 벌어지던 시위는 이승만 대통령이 물러날 것을 요구하는 것으로 발전하게 되었습니다. 여기에는 마산에서 시위 도중 경찰에 의

●4 · 19 혁명 이승만 정권의 독재 정치와 부정 선거에 항의하는 시민들이 탱크를 밟고 올라서 있다.

해 사망한 마산 상고 학생 김주열 군의 시체가 발견된 일이 결정적인 영향을 미쳤습니다. 1960년 4월 19일 대학생을 비롯한 수많은 학생들이 거리 시위를 벌였고 이를 4 · 19 혁명이라 부릅니다. 이에 놀란 자유당 정부는 경찰에게 총기 사용을 허락했습니다. 이 때문에 이날 전국적으로 183명이 숨졌고 천여 명이 부상당했지요. 그러나 시위는 점점 거세져 4월 26일 이승만 대통령은 결국 자리에서 물러나 하와이로 망명하게 되었습니다. 국민의 힘으로 독재 정권을 무너뜨리고 민주주의를 회복한 이 사건은 우리나라의 민주주의 발전에 커다란 영향을 미쳤습니다.

5 · 16 군사 정변
五一六軍事政變

5 · 16 군사 정변은 1961년 5월 16일 당시 육군 소장 박정희와 그를 따르는 3천 5백여 명의 군인들이 반란을 일으켜 권력을 잡은 사건입니다. 이들이 군사 정변의 핑계로 삼은 것은 4 · 19 혁명 이후의 사회 혼란과 민주당 정부의 무능력과 부정부패였습니다. 그러나 결과적으로 이들은 새로운 독재 정치를 시작해 대한민국의 민주주의를 크게 후퇴시켰습니다. 박정희는 1963년 대통령 자리에 올랐고, 1972년 10월 유신 헌법 개헌을 거치면서 18년 동안 독재 정치를 폈습니다.

10월 유신
十月維新

10월 유신이란 1972년 10월, 박정희 대통령이 헌정을 중단하고 자신이 독재 정치를 계속할 수 있도록 새로운 헌법과 제도를 마련한 일을 말합니다. 유신의 결과, 대통령에게는 국회의원의 3분의 1과

재판관을 임명할 수 있는 권리가 주어졌습니다. 또한 대통령 자신이 긴급하다고 생각하는 상황에서는 법에 우선하는 특별한 명령을 내릴 수 있도록 한 긴급 조치권까지 주어졌지요. 이러한 권리들을 통해 박정희 대통령은 민주주의를 요구하는 국민들을 짓누르며 왕과 다름없는 권력을 누렸습니다.

●박정희(1917년~1979년) 군인 출신의 정치가로 5 · 16 군사 정변을 주도했다.

새마을 운동

새마을 운동은 1970년대 박정희 대통령이 처음 제안하여 시행된, 근면 · 자조 · 협동 정신으로 마을과 농민 생활을 발전시키려 했던 근대화 운동입니다. 농촌의 주택을 개량하고 새로운 농작물을 심어 소득을 늘리는 등 여러 가지 사업을 펼쳤지요. 정부가 주도했던 이 운동은 어느 정도 성과는 거두었지만 독재 정치에 고분고분한 국민을 만들려 한다는 비판도 받았습니다.

●새마을 운동

경제 개발 5개년 계획

經濟開發
五個年計劃

경제 개발 5개년 계획은 우리나라에서 경제 발전을 위해 5년 단위로 실시한 경제 개발 계획으로 1962년에 시작되어 7차례에 걸쳐 실시되었고 1996년에 끝이 났습니다.

❈ 제1차 경제 개발 계획(1962~1966)

❈ 제2차 경제 개발 계획(1967~1971)

❈ 제3차 경제 개발 계획(1972~1976)

❈ 제4차 경제 개발 계획(1977~1981)

❈ 제5차 경제 개발 계획(1982~1986)

❈ 제6차 경제 개발 계획(1987~1991)

❈ 제7차 경제 개발 계획(1992~1996)

이 중 박정희 정부가 이끌어 나간 개발 계획은 제4차 경제 개발 계획까지 총 4차례입니다. 1~2차 때는 경공업 중심으로 경제를 개발했고, 3~4차 때는 중화학 공업을 육성하고 수출에 모든 힘을 쏟도록 했습니다. 우리 경제를 크게 발전시켰지만, 무리한 개발로 인해 많은 문제점이 나타나기도 했습니다.

5·18 민주화 운동

五一八民主化
運動

1980년 5월 18일, 광주에서 비상계엄을 없애고 민주주의를 요구하는 움직임이 일어났습니다. 비상계엄이란 나라에 전쟁이나 이와 비슷한 사건이 일어났을 때 군대가 전국 또는 일부 지역을 정부 대신 다스리는 것을 말합니다. 당시에는 1979년 10월 26일 박정희 대통령이 죽고, 같은 해 12월 12일 군사 정변을 일으킨 전두환과 그의 동료들이 권력을 휘두르고 있었습니다. 그러나 전국적으로 민주주의를 요구하는 목소리가 높아지자 이들은 5월 17일 비상계엄을 선포하고 자신들의 뜻대로 나라를 다스리려 했습니다. 또 유일하게 민주화를 요구하며 싸움을 멈추지 않는 광주에 공수 부대와 군부대를 보내 시민들을 학살하는 일을 서슴지 않았습니다. 광주 시민들은 5월 27일까지 열흘 동안 싸웠으나 결국 계엄군에 패배하고 운동은 막을 내렸습니다. 비록 실패로 끝났지만 이 사건은 우리나라의 민주주의 발전에 엄청난 영향을 끼쳤습니다.

●시민들을 상대로 무장한 계엄군

6월 민주 항쟁
六月民主抗爭

6월 민주 항쟁은 1987년 전두환 대통령의 독재 정부에 반대하는 수백 만 국민들이 항쟁을 통해 민주주의에 대한 약속을 얻어낸 일입니다. 이 무렵 전두환 정부는 박정희 정부에 못지않은 악랄한 독재 정치를 펴고 있었습니다. 그러던 1987년 1월, 민주주의를 위해 싸우던 서울대학교 학생 박종철이 경찰에 의해 고문을 당한 끝에 살해되는 일이 일어났습니다. 국민들은 이에 항의하며 싸우다가 6월이 되자 마침내 수백만 명이 참여하는 거대한 항쟁을 일으켰고, 견디지 못한 전두환 정부는 6월 29일 ❀대통령 직선제 개헌을 통한 대통령 선출 ❀민주주의를 위해 싸우다 감옥에 갇힌 사람들의 석방 ❀국민들의 인권 보장 ❀언론의 자유 보장 등이 포함된 6·29 민주화 선언을 발표하고 민주주의를 실현할 것을 약속했습니다.

●**서울 시청 앞 광장에 모인 시민들** 수십만 명의 시민들이 전두환 정권을 몰아내기 위해 거리에 모였다.

외환 위기
外換危機

외환 위기는 1997년 외국과의 무역을 위한 돈(외환)이 부족해 한국 경제가 큰 위기를 맞았던 사건입니다. 이 무렵 외환 위기로 인해 우리 경제는 대기업이 줄지어 무너지고, 은행 등 금융 기관이 부실해지는 상황을 맞았습니다. 그러자 우리 경제에 대한 해외의 신뢰가 떨어져 투자가 끊기는 등 어려움은 점점 더 커졌습니다. 결국 우리나라는 국제 통화 기금 (IMF, 국제 무역의 안정을 위해 1945년 설립된 국제 금융 기구)에 도움을 요청하게 되었습니다. 우리나라에 돈을 빌려준 IMF는 자신들의 생각대로 우리 경제를 뜯어고쳤고, 그 과정에서 실업자가 늘어나고 기업이 쓰러지는 등 엄청난 혼란이 일어났습니다. 2001년 우리나라는 IMF에 빌린 돈을 모두 갚았습니다.

남북 정상 회담
南北頂上會談

남북 정상 회담은 남북한의 최고 지도자들이 만나서 통일을 위해 개최한 회담입니다. 2000년 6월 13~15일, 남한의 김대중 대통령이 평양을 방문해 북한의 김정일 국방위원장을 만남으로써 6 · 25 전쟁 이후 최초로 남북 정상 회담이 개최되었습니다. 또 2007년에도 10월 2~4일, 노무현 대통령이 북한을 방문해 김정일 국방위원장을 만나 정상 회담이 열렸지요. 두 차례의 회담을 통해 개성 공단이 만들어지는 등 남북한의 관계가 크게 개선되었지만, 그 뒤에는 남북한의 여러 사정으로 다시 열리지 못하고 있습니다.

6·15
공동 선언
六一五公同宣言

6·15 공동 선언은 2000년 6월 15일, 남북한 최고 지도자인 김대중 대통령과 김정일 국방위원장이 정상 회담을 가진 뒤 발표한 남북한 공동 선언입니다. 주요 내용은 다음과 같습니다.

※ 남과 북은 나라의 통일 문제를 우리 민족끼리 힘을 합쳐 자주적으로 해결하도록 한다.

※ 남과 북은 서로의 통일 방안에 공통점이 있다는 것을 인정한다.

※ 남과 북은 흩어진 이산가족의 만남을 위해 친척 방문단을 교환하는 등 인도적인 문제를 해결하도록 노력한다.

※ 남과 북은 경제 협력을 통해 민족의 경제를 균형적으로 발전시키고 사회, 문화, 체육, 보건, 환경 등 여러 분야에서 서로 돕는다.

70만 년 전 구석기 시대 시작

주먹도끼
구석기 시대 대표적인 뗀석기로 사냥하거나 짐승의 가죽을 벗기고, 땅을 파는 등 여러 용도로 사용했다.

기원전 8000년경
신석기 시대 시작

빗살무늬 토기(즐문 토기)
신석기 시대 대표적인 토기로, 식량을 저장하는 데 사용했다.

기원전 2333년 고조선 건국

청동방울
제사와 정치가 하나로 이루어졌던 청동기 시대에 제사장들이 주술적 의미로 사용했던 도구다.

기원전 57년
신라 건국

나정 비석
혁거세왕의 탄생지인 경주 나정에 세워져 있는 비석이다.

기원전 37년 고구려 건국

기원전 18년 백제 건국

기원전 42년
금관가야 건국

372년 고구려에 불교 전래

384년
백제에 불교 전래

백제 금동대향로
백제의 종교, 미술, 문화 등을 알 수 있는 귀중한 작품이다.

527년
신라, 불교 공식 인정

이차돈 순교비
불교를 제창하다 순교한 이차돈을 기념하기 위해 세운 비석이다.

936년 후백제 멸망, 고려의 후삼국 통일

935년 신라 멸망

926년 발해 멸망

918년
왕건, 고려 건국

삼악 산성지
궁예가 철원에서 왕건에게 패한 후, 이곳에 성을 쌓아 피신처로 이용했다는 전설이 전해 온다.

901년 궁예, 후고구려 건국

900년
견훤, 후백제 건국

828년
장보고, 완도에 청해진 설치

771년
성덕 대왕 신종 만듦

성덕 대왕 신종
종을 만들 때 아기를 넣었다는 전설이 전해지고 있으며, 아기 울음소리가 난다 해 에밀레종이라고도 한다.

청해진 유적지
청해진은 장보고가 지금의 전라남도 완도에 설치한 진으로, 중국과 일본 사이 중계 무역의 요충지였다. 장보고는 청해진을 중심으로 해적을 소탕하고 해상권을 쥐고 있었다. 사진은 현재 남아 있는 청해진 유적이다.

751년
신라, 불국사와 석굴암 새로 지음

727년 신라 승려 혜초, 『왕오천축국전』 지음

698년 대조영, 발해 건국

682년
신라 국학 설치

668년
고구려 멸망

660년
백제 멸망

676년 신라 삼국 통일

불국사 다보탑
통일 신라 시대 석탑이다.

645년
고구려 양만춘 장군, 안시성 싸움

612년
고구려 을지문덕 살수대첩

562년
대가야 멸망

노형 기대
화로 모양을 한 그릇 받침이다.

진흥왕 순수비
신라 진흥왕이 국토를 넓힌 기념과 국위 선양을 목적으로 세운 기념비다.

229

918년 왕건, 고려 건국

993년
거란의 1차 침략,
서희의 활약

1010년 거란의 2차 침략

1018년
거란의 3차 침략,
강감찬 장군의 구주 대첩

1135년 묘청의 난

1170년 무신의 난

1198년
만적의 난

1231년~1254년
6차례에 걸친 몽골의 침략

1236년
팔만대장경 제작 시작

1377년
금속 활자로 『직지심경』 인쇄

오대산 월정사 구층석탑

세계 최초의 금속 활자 『직지심경』

『삼국유사』에는 김수로 왕의 비 허왕옥이
아유타국에서 바다를 건너올 때 바다의 노
여움을 잠재우려고 이 석탑을 싣고 왔다고
기록돼 있다.

팔만대장경이 꽂혀 있는 해인사 내부

1388년
이성계, 위화도 회군

1392년
조선 건국

현화사 칠층석탑

230   상감 청자

수원성(수원화성)

수원을 새로운 경제 중심지로 키우려는 정조의 뜻에 따라 정약용 등이 계획을 세워 성을 쌓았다. 성을 지을 때 거중기와 같은 과학적 장비가 사용되었다. 1997년 유네스코 세계 문화유산으로 등재되었다. 사진은 수원화성의 북문인 장안문의 모습이다.

1811년 홍경래의 난

1800년 순조 즉위, 세도 정치 시작

1637년
삼전도의 치욕

1636년
병자호란

중완구

임진왜란 당시 사용되었던 무기. 손으로 불을 붙여 탄환을 발사하는 구조이다.

1623년
인조반정

1592년
임진왜란 발발

1545년
을사사화

백자 달항아리

조선 시대를 대표하는 맑고 부드러운 도자기. 일본은 조선의 도자기 기술을 탐내 임진왜란 중 수많은 도자기공을 포로로 데려가기도 했다.

1519년 기묘사화

1506년 중종반정

1504년 갑자사화

용비어천가

훈민정음으로 기록된 최초의 책이다. '뿌리 깊은 나무는 바람에 흔들리지 아니한다' 는 제2장의 문구가 유명하다.

1498년 무오사화

1443년
세종 대왕, 한글 창제

231

1866년 병인양요

1871년
신미양요

1876년 강화도 조약

1882년
임오군란

1884년
갑신정변

척화비
'서양 오랑캐와 친하게 지내지 말라' 는
내용을 새겨 흥선 대원군이 세운 비석

갑신정변의 주역들
박영효, 서광범, 유길준, 김옥균 등이 일으킨
갑신정변은 실패했지만, 이후 한국에서 일어난
근대화 운동의 씨앗이 되었다.

1894년 동학 농민 전쟁

체포되는 전봉준

1895년 을미사변, 을미의병

의병의 모습

1896년
아관파천

1897년
대한 제국 선포

1905년
을사조약

1907년
정미 7조약

1909년
안중근 의사, 이토 히로부미 암살

조선 총독부 건물

1910년
한일 병합 조약으로 국권 상실
조선 총독부, 무단 통치 시작

1919년
독립선언문 발표와 3 · 1 운동
임시정부 수립

2000년
남북 정상 회담과 6·15 남북 공동 선언

1980년 5·18 광주 민주화 운동

1979년
김재규, 박정희 대통령 저격
전두환, 12·12 군사 반란

1961년
박정희, 5·16 군사 정변

1960년
4·19 혁명, 이승만 대통령 하야

1950년
6·25 전쟁 시작

전쟁에 참가하고 있는 군인들

12·12 군사 반란에 맞서 시위를
벌이는 광주의 시민들

1948년
남한에 대한민국 탄생
북한에 조선 민주주의 인민공화국 탄생

1945년
일제의 항복과 해방
신탁 통치 결정과 분단

1939년 일제, 창씨개명 강요

1936년 손기정 선수, 베를린 올림픽 마라톤 우승

광복을 기뻐하며 거리로 나온 사람들

손기정(1912년~2002년)
1936년 8월 9일 베를린 올림픽에서 마라톤에
우승을 해 민족의 영웅이 되었다.

1932년 윤봉길 의사, 도시락 폭탄 투척

1920년
김좌진 장군, 홍범도 장군의 청산리 대첩

233